ILE-DE-FRANCE

Le texte des doubles pages
10-11, 30-31, 50-51, 70-71,
90-91, 110-111, 130-131, 150-151, 170-171
a été rédigé par
Sylvie Girard.

Rédaction :
Alain Melchior-Bonnet,
Jeanne Bonhomme-Penet,
assistés de Jocelyne Bierry

Correction-révision :
Bernard Dauphin,
Annick Valade

Conception graphique et mise en pages :
Frédérique Longuépée et Alain Joly

Documentation iconographique :
Anne-Marie Moyse-Jaubert

Couverture :
Gérard Fritsch

Cartographie :
Denis Horvath

Fabrication :
Annie Botrel

Direction artistique :
Henri Serres-Cousiné

Dépôt légal : septembre 1987. — N° Éditeur : 14075
Imprimé en France par Imp. Jean Didier, Strasbourg. *(Printed in France.)*
Librairie Larousse (Canada) limitée, propriétaire pour le Canada des droits d'auteur et des marques de commerce
Larousse. — Distributeur exclusif au Canada : les Éditions Françaises Inc., licencié quant aux droits d'auteur et usager
inscrit des marques pour le Canada.
ISBN 2-03-204054-9

ILE-DE-FRANCE

AURÉE D'ESNEVAL

LIBRAIRIE LAROUSSE
17, RUE DU MONTPARNASSE 75006 PARIS

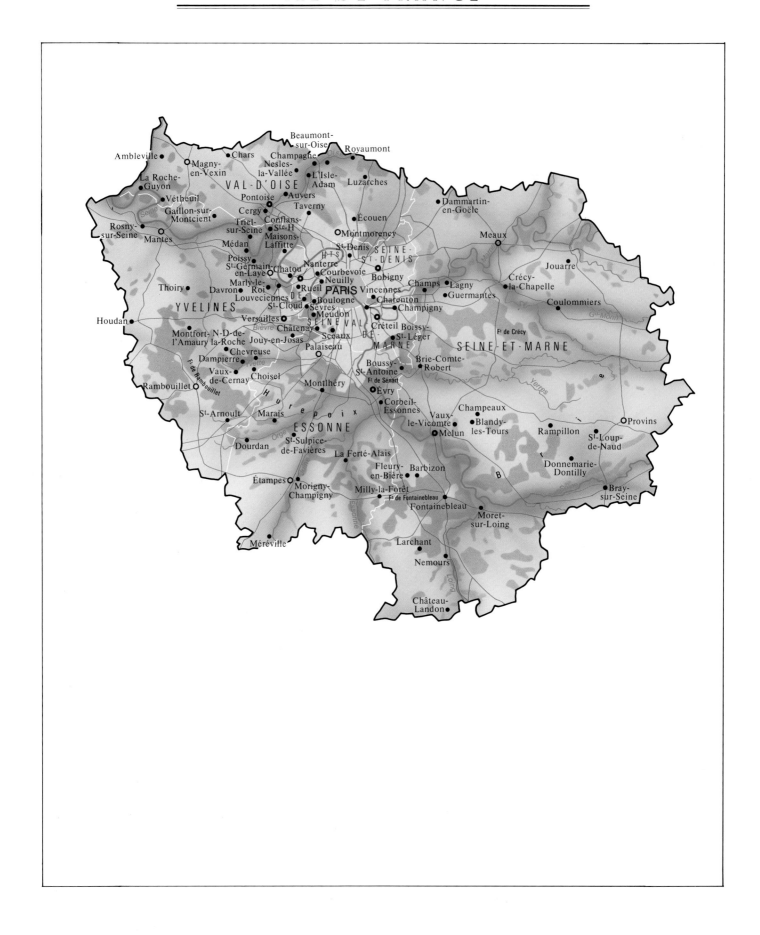

PRÉFACE

JACQUES RIGAUD

LA DIVERSITÉ

R. Mazin - TOP.

Il y a d'abord ce nom étrange : Île-de-France, d'une poésie presque exotique, qui nous intriguait sur les bancs de l'école, mais que nous préférions au terme ingrat de « Bassin parisien ».
Même si la « France », la petite, celle que Roissy nous a fait redécouvrir, donne son sens premier à cette image insulaire, il n'empêche que la France, la grande, nous paraît bien destinée à entourer comme une mer à la fois protectrice et respectueuse ce noyau dur de la nation. Ce pays d'abbayes, de cathédrales et de palais, cette couronne de forêts, toute cette ordonnance royale semblent prédestiner cette terre, circonscrite vaguement comme une île, en effet, par de grandes avenues fluviales, à être le centre du pouvoir, le cœur de la nation.
Mais voilà bien le piège, la spirale à la française, ce tourbillon obsessionnel du centralisme, qui ramène tout à Paris, et nous ferait voir l'Île-de-France rabaissée à une fonction d'accompagnement de Paris, de soumission à Paris. Remarquez que tout conduit à cette vision déformée. Y compris le déterminisme, parfois naïf, des Michelet, des Vidal de La Blache qui,

FRANÇAISE AU CŒUR MÊME DU PAYS

ÎLE - DE - FRANCE

*Reconstitués par l'architecte Viollet-le-Duc au milieu du XIXᵉ siècle,
les monstres de pierre juchés au sommet de Notre-Dame ne manquent pas de surprendre
le visiteur faisant l'ascension des tours de la cathédrale.
Ce bestiaire reste fidèle à l'esprit gothique et au goût du fantastique
dont firent preuve les sculpteurs du XIIIᵉ siècle.*

pour exalter la grandeur de notre histoire, l'harmonie pré-établie qui légitime le destin national, démontrent à l'envi que ce pré carré avait un centre, et l'unité de cette nation un principe physique. Le docte Élisée Reclus n'écrit-il pas : « Paris occupe le sommet du grand triangle des voies historiques de la France, et par conséquent l'endroit où les forces de tout le pays peuvent être le plus facilement centralisées... Aucune autre cité de France, à moins d'être bâtie au confluent de l'Oise ou dans le voisinage immédiat, n'aurait joui des mêmes avantages comme point géométrique de convergence » ? Il est vrai aussi que l'expérience sensible de nos contemporains, nos habitudes de pensée, l'air du temps, tout conduit en vérité à conférer à l'Île-de-France ce statut de subordination parisienne : une banlieue, vaste et noble assurément, mais banlieue quand même, déversoir d'urbanisme et de loisirs, réserve d'espace et d'oxygène pour le monstre, maillage serré de voies, d'artères de toute sorte qui y conduisent. De l'avion, du train, des autoroutes qui convergent vers Paris, voyez par le hublot ou la fenêtre ces lignes à haute tension d'aujourd'hui, ces aqueducs d'hier tisser la toile de l'araignée parisienne ; voyez les tentacules du monstre urbain qui se sont glissés dans les coulées vertes de Meudon, de Chevreuse, de Montmorency. Traverser l'Île-de-France comme on le fait communément, c'est à tout coup se préparer au choc de Paris, comme les voyageurs de ces express convergeant vers la capitale dans le grand poème unanimiste qui ouvre *les Hommes de bonne volonté* de Jules Romains.

Le langage administratif, les clichés des médias font le reste. Les « villes nouvelles », les départements de la « petite couronne », le « district », les nouvelles du front de la circulation routière avec ses hauts lieux : Rocquencourt, Orgeval, péage de Fleury, côte de Corbeil et Chilly-Mazarin, tout est fait pour nous persuader que l'Île-de-France est décidément la servante de Paris.

Eh bien, non ! Tout Parisien que je sois — et des Batignolles s'il vous plaît —, je veux vous convaincre que l'Île-de-France existe par elle-même, qu'elle mérite d'être considérée autrement que comme périphérie parisienne. Il ne s'agit pas de nier Paris, de le rayer de la carte, mais de remettre en bonne perspective un ensemble qui n'est pas seulement une expression géographique ou administrative, mais une réalité sensible, une donnée culturelle.

Cette Île-de-France, je l'entends à ma façon, qui n'est pas nécessairement celle des sous-préfets et des cartographes. J'y veux Senlis et Crépy et tout le Valois, qu'on a annexés à la Picardie administrative ; j'y agrège en tout cas le Vermandois, si bien chanté par Émile Henriot et Georges Duhamel, et peut-être même Sens, dont l'archevêque comptait, au haut Moyen Âge, l'évêque de Paris parmi ses suffragants.

J'ai cité des villes : ce n'est pas par hasard. Car l'Île-de-France, si elle se définit bien sûr par des paysages, une lumière, existe aussi et peut-être surtout par ses villes. Aucune n'est immense, comme si Paris n'avait pas toléré que quiconque ose, non pas le défier, mais se hausser à une importance qui réduisît

si peu que ce soit la primauté, l'énormité qui sont depuis des siècles et sans discontinuer son essence. Mais nous avons là un certain nombre de cités qui existent bel et bien, et pour elles-mêmes, comptant parmi les plus belles de France : Versailles n'est pas qu'un château, mais une belle ville classique, dont les habitants en rajoutent et « font province » à outrance pour mieux se distinguer de Paris. Serrées autour de leur cathédrale, Mantes, Meaux, Senlis, ont de loin la belle et opulente silhouette classique qui, dans le paysage français, annonce la ville ; mais l'intérieur ne déçoit pas : les pavés de Senlis, les jardins devinés derrière les hautes murailles, les porches majestueux des demeures patriciennes, les magasins paisibles où la cloche tinte quand s'ouvre la porte, tout cela, comme à Crépy-en-Valois ou à Chantilly, vous installe au cœur de la province française, faisant oublier en un clin d'œil que l'on est à une demi-heure de Paris. Saint-Germain-en-Laye, à portée de RER, donne la même sensation. Ailleurs, Pontoise, Rambouillet, Melun la Cossue, Fontainebleau, Provins dans ses remparts sont aussi des villes de plein exercice. Paradoxalement, toutes ces cités existent davantage que ces chefs-lieux administratifs décrétés il y a vingt ans : les Nanterre, Créteil, Bobigny et autres Cergy, à qui il faudra longtemps encore, en dépit des tonnes de béton coulées, des titres ronflants et des hormones administratives complaisamment injectées, pour être des villes au sens plein du mot.

D'ailleurs, ces villes — qui ont une mémoire — sauraient rappeler à Paris que, si le pouvoir y est toujours revenu, il s'en est souvent échappé, ou a voulu créer quelque éloignement entre lui et la capitale ; et aux époques où les distances étaient plus sensibles, il n'était pas indifférent que le roi ou l'empereur résidât à Vincennes, à Saint-Germain, à Saint-Cloud, à Versailles, ou encore à Rambouillet, Fontainebleau ou Compiègne.

On exilait bien à Pontoise le parlement de Paris. Cette errance du pouvoir n'était pas pur divertissement, besoin de changer d'air, mais expression d'un principe selon lequel le roi est partout chez lui en son royaume, et le centre du pouvoir, là où il se trouve (comme on le voit encore au Maroc ou en Espagne). C'était aussi un calcul politique, l'expression d'une vraie méfiance envers Paris, ses prévôts, sa rue, ses faubourgs. Et les quarante rois qui ont fait la France ont dû en 1986 se retourner dans leur tombe ainsi qu'Étienne Marcel en apprenant que le maire de Paris était devenu Premier ministre du royaume... Au demeurant, même si le cœur de France a été très tôt unifié et placé sans discussion sous l'autorité monarchique, bien des noms de lieux — et des demeures — évoquent des fiefs fort anciens ou des familles illustres avec qui les rois devaient

compter : Enghien, Montmorency, Écouen, Dampierre, Chevreuse. Et il faut se souvenir du défi que représentèrent pour l'autorité royale le Chantilly des Condé, le Vaux de Fouquet, si près de Paris — sans oublier, dans un autre domaine, Port-Royal-des-Champs, ce haut lieu du jansénisme détruit avec rage et dont les ruines demeurent un des hauts lieux de la spiritualité fran-

Par ce détail d'une boiserie du cabinet de la Pendule à Versailles, Verbeckt témoigne, avec beaucoup de grâce, du goût des contemporains de Louis XV pour les sujets rustiques.

R. Mazin - TOP

çaise, encore étrangement vivace alors que le débat théologique dont il fut le centre est depuis longtemps clos. Mais l'histoire, ici feuilletée bien rapidement, n'est pas seule à démontrer que l'Île-de-France existe par elle-même et n'est pas un simple chapitre annexe de l'histoire parisienne ; la géographie s'entend également à le prouver. Cette diversité française qu'a admirablement analysée et chantée Fernand Braudel dans son livre posthume *l'Identité de la France*, quel merveilleux exemple en donne notre région ! L'extension urbaine de notre temps ne parvient pas à la masquer. On dirait qu'à travers fleuves et rivières, plateaux et collines, quelques grandes régions françaises opèrent une avancée jusqu'au cœur de l'Île-de-France, comme pour mieux nouer la diversité française au centre même du pays : avec la Marne, c'est un peu de la Champagne qui vient vers nous ; la Normandie ne se fait-elle pas sentir dès l'au-delà de la forêt de Saint-Germain, passé Poissy et Orgeval ? Avant même Étampes, la Beauce se devine, tout comme les grandes plaines du Nord au-delà du Bourget ; à Moret et Nemours, la Bourgogne n'est pas loin, et certains voient même quelque chose de méditerranéen dans les rochers de Fontainebleau, près d'Oncy. Il ne faudrait d'ailleurs pas pousser beaucoup les Parisiens pour leur faire dire que le Nord, les corons, la toundra commencent à la porte de La Chapelle, et le Midi à la porte d'Italie. Mais, sans aller si loin, il est bien vrai que l'Île-de-France est riche en « pays » fort caractérisés. Prenez, aux quatre points cardinaux, le Valois, le Hurepoix, le Vermandois et la Brie peut-on imaginer plus nettes différences, personnalités plus accusées ? Tout, l'habitat, sa structure et son style, l'occupation de la terre, l'horizon, la végétation, diffère. Même les forêts, qui sont autant de joyaux de l'Île-de-France, héritage des grands domaines royaux, seigneuriaux et abbatiaux, accusent leurs différences : Ermenonville, Chantilly, Senlis au Nord, Saint-Germain et Rambouillet à l'Ouest, Fontainebleau au Sud diffèrent autant entre elles que la forêt normande peut se distinguer des forêts d'Orient ou de Tronçay. S'il fallait cependant trouver un élément d'unité dans cette région si composite — et en laissant de côté l'irréfutable attraction de Paris —, ce serait évidemment la Seine. Par

son cours extraordinairement noué, elle irrigue toute la région. L'explication que donnent les géographes de cette trajectoire capricieuse ne me satisfait pas. Certes, Paris n'est qu'à 26 mètres au-dessus du niveau de la mer et le fleuve manque d'élan pour triompher des obstacles naturels avec lesquels il doit ruser. Mais prenez la Marne ou l'Oise : pas plus hautes, guère moins larges que la Seine avant qu'elle ne les avale, ces rivières-là ne font point tant de façons et suivent honnêtement leur chemin d'affluent, sinon droit au but, du moins sans tous ces caprices. Non, l'explication est claire : la Seine se sent chez elle en Île-de-France et aime comme nous à s'y attarder au hasard de ses inspirations. Eh oui ! il faut bien lâcher pour finir cet aveu de Parisien impénitent.

Si j'ai tenu ici, honnêtement, à démontrer que l'Île-de-France existe par elle-même et reste, en dépit de la monstruosité contemporaine du phénomène parisien, fidèle à son identité propre, je dois bien confesser que pour le Parisien que je suis l'Île-de-France est mon jardin, ma cour de récréation. Depuis les souvenirs d'enfance — promenades à bicyclette, pendant l'Occupation, dans le parc de Saint-Cloud, à Saint-Germain, à Marly, qu'on atteignait sans trop de peine par de dures voies pavées et désertes — jusqu'aux migrations hebdomadaires dans le Valois d'aujourd'hui, l'Île-de-France est pour moi la respiration de Paris, son complément vital. J'aime qu'après Corot et les peintres de Barbizon, les impressionnistes aient découvert la nature à Chatou, à Argenteuil, à Port-Marly. Oscar Wilde disait qu'avant Turner il n'y avait pas de brouillards sur la Tamise ; je suis persuadé que Sisley, Monet, Pissarro et tant d'autres ont créé une lumière qui n'existait pas avant eux et qui, s'étant acclimatée, est restée accrochée à notre ciel. Barques et canotiers, guinguettes et jolies filles : cette jeunesse, cette innocence, cette joie simple d'une génération qui, sortant commodément, grâce au chemin de fer, de la vieille ville a eu ce regard comme neuf jeté sur la lumière d'une fin d'après-midi d'été au bord du fleuve, ces impressions décisives, cette découverte du bonheur de vivre, c'est cela, pour moi et pour tant d'autres, l'Île-de-France, dans la douceur maternelle d'un souvenir de jeunesse.

Le baldaquin du lit de la reine, à Versailles, exprime la somptuosité théâtrale d'un palais où les souveraines accouchaient en public. Les soieries, restituées à l'identique en 1948, sont surmontées d'une boiserie au décor floral de style rocaille.

R. Mazin - TOP.

Paris : 67 km
Magny-en-Vexin : 7 km

AMBLEVILLE
Val-d'Oise

SOUS LE CIEL DU VEXIN, DES JARDINS « DE PLAISIR » À L'ITALIENNE, AUTOUR D'UN CHÂTEAU BIEN FRANÇAIS.

Situé non loin d'Alincourt, ce château, construit du XVIe au XVIIe siècle, a gardé un bel intérieur d'époque : plafonds à poutres peintes, vastes cheminées, mobilier seigneurial. Mais ce sont surtout ses jardins qui lui valent sa célébrité. Sous le ciel souvent gris du Vexin, à quelques mètres de l'Aubette, aux rives presque toujours verdoyantes, les buis taillés, les cyprès et bien des variétés de plantes grasses évoquent l'Italie. Ces parterres, qui n'ont pas encore la symétrie du jardin à la française, entourent un bassin. De cette partie basse, on accède à une partie haute soutenue par une terrasse ; un petit temple circulaire à colonnettes rappelle aussi le goût des architectes italiens pour l'Antiquité.

Paris : 31 km
Pontoise : 6,5 km

AUVERS-SUR-OISE
Val-d'Oise

EN 1890, VAN GOGH ÉCRIT À SA SŒUR : « J'AI UN PLUS GRAND TABLEAU DE L'ÉGLISE DU VILLAGE, UN EFFET OÙ LE BÂTIMENT PARAÎT VIOLACÉ CONTRE LE CIEL D'UN BLEU PROFOND ET SIMPLE... »

Cet important village, situé sur un coteau de la rive droite de l'Oise, ne serait qu'une des nombreuses villégiatures proches de la capitale sans son passé artistique. Peut-être doit-il sa célébrité au docteur Gachet, qui accueillit chez lui tant de peintres aujourd'hui reconnus, mais de leur temps si méconnus ? Après Charles-François Daubigny, après Corot, Cézanne et Van Gogh peignent certains sites qui existent encore à Auvers. La maison du Pendu — immortalisée par Cézanne — est à peine reconnaissable ; le jardin du docteur Gachet et sa maison, rue des Vessenots, semblent bien paisibles quand on revoit, au musée de l'Impressionnisme, les cyprès aussi tourmentés que Van Gogh lui-même ! Quant à l'église, du XIIe et du XIIIe siècle, elle mérite une visite, même si, comparée au tableau de Van Gogh, elle apparaît un peu trop sage avec sa grosse tour du XIIe siècle, ses deux chapelles romane et Renaissance. L'ancienne auberge Ravaux, qui porte désormais le nom du peintre halluciné, le cimetière où il est enterré, son monument dans le parc communal, par Zadkine, n'évoquent pas aussi puissamment l'artiste que les toiles rassemblées au musée d'Orsay.

L'envoûtante présence de Van Gogh plane désormais sur Auvers et sur cette église, qu'il a peinte sous un ciel d'orage en 1890, année de son suicide. Ce chef-d'œuvre du XIIe siècle, de par sa situation au sommet d'une butte, mérite de toute façon l'admiration des amateurs d'art roman.

VAN GOGH À AUVERS

La mort du peintre en juillet 1890 — il se suicide en plein champ, en se tirant une balle dans la poitrine, puis meurt deux jours plus tard à l'auberge Ravaux — clôt tragiquement une période de création féconde. Déjà très atteint en mai 1890, quand il vient se réfugier chez le docteur Gachet, il peint ses plus célèbres toiles d'Île-de-France. Les couleurs qu'il choisit ne traduisent plus le bonheur de créer, mais l'angoisse transmise par une nature oppressante. Aux jaunes déjà implacables de ses tableaux d'Aix-en-Provence succèdent des bleus sombres, des verts profonds pour les arbres du jardin Gachet, des violets parfois coupés d'orange pour le toit de l'église, des bleus cobalt pour le ciel d'orage. Il écrit à sa sœur : « J'ai un plus grand tableau de l'église du village, un effet où le bâtiment paraît violacé contre le ciel d'un bleu profond et simple, de cobalt pur, les fenêtres à vitraux paraissent comme des taches bleu d'outremer, le toit est violet et en partie orangé ; sur l'avant-plan, un peu de verdure fleurie et du sable ensoleillé rose. » Cette pelouse fleurie ne peut faire oublier l'église sombre, qui se prépare à résister à l'orage.

Quant au portrait de l'artiste datant aussi de 1890, sur un fond bleu-vert, il fait apparaître un visage d'une telle souffrance qu'il semble sortir du cadre pour interpeller. C'est ce qu'il souhaitait quand il écrivait à sa sœur : « Je voudrais faire des portraits qui, un siècle plus tard, aux gens d'alors, apparaissent comme des apparitions. »

BARBIZON
Seine-et-Marne

Paris : 60 km
Fontainebleau : 10 km

UNE ÉTAPE PRIVILÉGIÉE « POUR COMPRENDRE LE LANGAGE DES GRANDS ARBRES », COMME DISAIT MILLET.

Cette jolie maison rustique où Théodore Rousseau habita jusqu'à sa mort, en 1867, correspond bien à la personnalité du chef de file de l'école de Barbizon, toujours à l'écoute de la nature et du monde paysan.

Les peintres qui, au XIXᵉ siècle, ont fait la célébrité d'un hameau de Chailly reconnaîtraient-ils Barbizon dans cette villégiature devenue très touristique ? La proximité de la futaie du Bas-Bréau et des gorges d'Apremont justifie l'installation de nombreux hôtels et restaurants ; des restaurants bien différents de la petite auberge du père Ganne, où le patron faisait crédit à tant d'artistes ! Cette auberge est maintenant transformée en musée, comme l'atelier de Millet. Quant à la maison de Théodore Rousseau,

elle est en partie une chapelle. À la sortie de la forêt, des monuments rappellent la mémoire des deux peintres. Leurs tombes dans le cimetière de Chailly évoquent une amitié fidèle. Théodore Rousseau n'a en effet jamais cessé de soutenir Millet, dont le talent n'a été reconnu que tardivement. Les souvenirs rassemblés là où ils ont habité donnent une idée de leur œuvre et incitent à voir ou à revoir les toiles, désormais au musée d'Orsay. La description de l'auberge Ganne dans *Manette Salomon* des Goncourt permet d'imaginer les lieux où, autour de Théodore Rousseau, tant d'artistes se sont réunis, animant ce mouvement artistique que l'on désigna sous le nom d'école de Barbizon.

C. Bibollet - TOP.

BEAUMONT-SUR-OISE
Val-d'Oise

Paris : 43 km
L'Isle-Adam : 6 km

DANS *UN DÉBUT DANS LA VIE*, BALZAC DÉCRIT LA RÉGION PITTORESQUE QUE DOMINE LE BEAU CLOCHER DE L'ÉGLISE.

Ce bourg, situé près de la zone industrielle de Persan, ne serait qu'une étape avant la superbe forêt de Carnelle sans son église campée au sommet du coteau. Et l'église elle-même, en dépit de sa large nef gothique, ne mériterait qu'une visite rapide sans sa tour Renaissance que l'on aperçoit de toute la région. Cette haute tour conserve encore des traces de gothique avec ses quatre étages de fenêtres et ses gargouilles. Un dôme

L'ÉCOLE DE BARBIZON

Aucun peintre n'a, à proprement parler, formé une école à Barbizon, mais ce hameau de Chailly, situé en bordure de la forêt de Fontainebleau, a attiré des artistes de l'époque romantique, vite réunis par l'amitié et par une certaine façon de peindre. Après des néoclassiques comme Claude Aligny, peintre de scènes historiques, Rousseau s'installe en 1847 dans ce village où il a déjà fait bien des séjours depuis 1835. Deux ans après, Millet le rejoint, sur les conseils de Diaz, autre fervent de ces lieux rustiques. Charles Jacque habite avec lui et ne tarde pas à élever des poules pour pouvoir les peindre tout à loisir. Troyon, qui commence par se consacrer aux sous-bois, se spécialise ensuite dans les animaux de la ferme tels que bœufs et vaches. Le statuaire et peintre animalier Karl Bodmer fréquente aussi l'auberge du père Ganne. Ce fut Corot qui, en s'installant à Barbizon de 1830 à 1835, donna l'exemple. Mais il ne peindra qu'assez peu en forêt de Fontainebleau, vite attiré par d'autres régions d'Île-de-France, par les bords de Seine, par le Valois. Après

avoir étudié les effets de la lumière dans les sous-bois, il s'intéresse davantage aux bords de plaine et aux étangs. Ses ciels gris bleuté se reflètent dans les eaux calmes et claires. Les ciels de Théodore Rousseau, ceux de Diaz, ceux de Troyon annoncent au contraire l'orage. Des nuages sombres contrastent avec les rares endroits où filtre la lumière. Quant aux arbres, ils font aussi écran ; à la tombée

du jour, on ne voit que des troncs, des feuillages épais. Les peintres de Barbizon s'expriment, en effet, dans un langage nouveau, à mi-chemin entre le romantisme et l'impressionnisme. Les senti-

ments de l'artiste s'effacent devant la force du sujet à traiter. Contrairement aux romantiques, Théodore Rousseau fait taire ses passions : ses ciels d'orage traduisent un phénomène naturel et non pas son propre désarroi intérieur. Les jeux de la lumière entre les nuages annoncent certaines études impressionnistes.

Dans ce mouvement artistique, Millet tient une place à part. Peignant rarement en forêt, il s'installe de plus en plus souvent sur cette plaine de Bière, restée encore de nos jours très rurale. Les visages des paysans de Millet ont une simplicité sculpturale ; tout l'accent est mis sur l'attitude, le mouvement du vanneur ou sur celui de la glaneuse. Les couleurs des vêtements, généralement sombres, traduisent la pauvreté, l'austérité d'une vie de labeur. Excepté Louis Le Nain au XVIIᵉ siècle, peu d'artistes avaient jusqu'alors peint avec autant de réalisme et de persévérance les travailleurs des champs.

Atelier de J.-F. Millet à Barbizon.
C. Bibollet - TOP.

de pierre la prolonge, avec un lanternon décoré de dauphins. Sur un autre coteau, le château féodal, démantelé au XVIᵉ siècle, n'a plus qu'une enceinte flanquée de tours. Des fouilles archéologiques sont actuellement en cours derrière ses murs. Les amateurs de sites préhistoriques ont depuis longtemps repéré, dans la forêt de Carnelle, l'allée couverte de la *Pierre Turquaise*. Aux alentours de Beaumont, la croupe boisée qui s'annonce dès les dernières maisons incite à découvrir plusieurs villages à l'orée de la forêt : Asnières-sur-Oise, avec sa jolie église, Saint-Martin-du-Tertre et, un peu plus loin, Viarmes, proche de l'abbaye de Royaumont, et Belloy-en-France.

Paris : 56 km
Melun : 11 km

BLANDY-LES-TOURS
Seine-et-Marne

C'EST UN MIRACLE QUE BLANDY AIT CONSERVÉ AUTANT DE TOURS, SI PRÈS DU ROI DE FRANCE, GRAND DÉMOLISSEUR DE FORTERESSES !

Ce village pittoresque, situé entre Melun et Champeau, a conservé une église élevée du XIIIᵉ au XVIᵉ siècle. Le château féodal, qui conserve de la forteresse construite par les vicomtes de Melun sous Charles V et Charles VI une belle crypte du XIIᵉ siècle, évoque plusieurs familles de l'ancienne France. Au cours de la guerre de Cent Ans, le donjon, aux murs percés de fenêtres à meneaux et terminés par des mâchicoulis, entouré d'une enceinte hexagonale flanquée de tours, a subi bien des assauts. Un escalier mène au donjon, d'où l'on peut contempler la plaine de la Brie. Le reste d'un logis seigneurial, flanqué d'une chapelle, évoque le XVIIᵉ siècle, époque où le duc d'Orléans-Longueville transforma la forteresse en maison d'habitation. Un moment laissé à l'abandon, Blandy a désormais échappé aux injures du temps. Peu de donjons d'Île-de-France sont aussi évocateurs. Contrairement à bien d'autres, il est aisément accessible au public.

Paris : 15 km

BOISSY-SAINT-LÉGER
Val-de-Marne

DÈS SA COUR D'HONNEUR RENAISSANCE, LE CHÂTEAU DE GROS-BOIS S'AFFIRME COMME UN DE CES HAUTS LIEUX OÙ S'INSCRIT L'HISTOIRE.

C'est à la sortie de la localité que se dresse, au milieu d'un vaste domaine boisé, le château de Gros-Bois. Commencé en 1580, le bâtiment central, évidé en demi-lune sur la cour d'honneur, est flanqué de deux ailes en équerre, ajoutées par un des propriétaires, Charles de Valois. C'est à ce fils naturel de Charles IX que l'on doit la salle à manger du château, bel exemple d'intérieur Louis XIII, avec son plafond à solives peintes, sa grande cheminée, mais surtout les belles fresques d'Abraham Bosse. L'œuvre de ce grand peintre et graveur représente les fian-

À *Blandy-les-Tours, l'église et le château féodal permettent d'évoquer plusieurs siècles d'histoire médiévale, marqués à la fois par la violence des guerres et par la grande spiritualité des hommes.*

R. Mazin - TOP.

çailles et le second mariage de Charles de Valois. À Gros-Bois, le maréchal Berthier, qui acheta le château en 1805, transforma presque toutes les pièces. De nos jours, les souvenirs de l'Empire, conservés dans leur cadre, font de cette belle propriété un vrai musée : portrait du maréchal à Lodi par le baron Gros, bataille de Marengo par Carle Vernet, mobilier fastueux, collection de cartes et de plans de bataille rassemblée dans la bibliothèque.

ABRAHAM BOSSE

Né à Tours, en 1602, il étudie la gravure dans la capitale. Après un bref retour au pays natal, au cours duquel il se marie, il revient s'installer à Paris jusqu'à la fin de sa vie. Essentiellement connu de nos jours comme graveur à l'eau-forte et au burin, il s'est intéressé à la peinture et ses ouvrages de géométrie ou d'architecture provoquèrent la colère de peintres en renom tels que Le Brun, qui réussit à le faire exclure de l'Académie royale de peinture et de sculpture. On reproche, en effet, à « ce fou à la moderne » sa doctrine sur la perspective, idées héritées de Girard Desargues, professeur de géométrie et ami de Descartes. Au

lieu de représenter les choses telles que l'œil les voit, il souhaite les dessiner « telles que les lois de la perspective les imposent à notre raison ». Il ne renonça jamais à ses principes dans aucune de ses œuvres, qu'il s'agisse de sujets religieux, d'estampes « de mœurs et de mode », de ses séries sur les *Cris de Paris* ou les *Métiers*, ou de tous les livres qu'il illustra. Même dans les sujets bibliques — où les personnages sont habillés comme des contemporains de l'artiste — il reste un des meilleurs témoins de son temps, par la précision des détails.

Détail d'une fresque d'Abraham Bosse au château de Gros-Bois.

R. Mazin - TOP.

Commencé sous Henri IV et terminé sous Louis XIII, Gros-Bois séduit le visiteur par l'originalité d'une cour d'honneur encore très Renaissance, avec ses harmonies de brique et de pierre. Par l'arrondi de la partie centrale et par d'autres fantaisies architecturales, ce château permet d'apprécier l'art de transition ; la symétrie classique s'y manifeste déjà, mais adoucie par les galbes si gracieux du XVIᵉ siècle.

PAGES SUIVANTES
Dans la salle à manger typiquement Louis XIII de Gros-Bois, les fresques d'Abraham Bosse ont un écrin digne d'elles, avec un plafond aux superbes poutres peintes.
R. Mazin - Top

FESTONS DE BUIS SUR CHAMP D'AZUR

Édifié vers 1720 pour un financier de Louis XIV, modèle d'architecture et de décoration du XVIIIᵉ siècle, Champs est aussi un fastueux exemple du « jardin français ».

Concilier le somptueux et le délicat, le prestige du décor à grande échelle et le raffinement du détail, tout en magnifiant le sens de la mesure, tels apparaissent les signes distinctifs du jardin à la française, dont André Le Nôtre fut le créateur absolu. Cet architecte parisien, qui succéda à son père comme jardinier des Tuileries, devint contrôleur général des Bâtiments du roi : dès lors, il manifesta dans ses créations de vastes jardins une théorie rigoureuse fondée sur la perspective et l'optique. C'est par l'un de ses neveux, Claude Desgots, digne émule de son maître, que furent conçus les jardins de Champs. Bouleversés au XIXᵉ siècle par la création d'un parc paysager dans le goût de l'époque, les jardins furent entièrement reconstitués au début du XXᵉ siècle par M. Duchêne d'après un plan du début du XVIIIᵉ, avec leurs échappées rectilignes et leurs parterres de broderies, leurs bassins et leurs bosquets, offrant l'aspect qu'il avait au temps où Champs appartenait au duc de La Vallière, parent de la célèbre favorite du Roi-Soleil. Les dimensions relativement modestes du château lui-même n'ont rien d'écrasant et le jardin y possède ainsi toute l'ampleur souhaitable, avec une apparence de simplicité. En fait, le quadruple alignement des arbres qui aboutit à la cour d'honneur, auquel répond, sur l'autre façade, l'axe transversal et plein de majesté des grandes pelouses — avec comme joyau un prodigieux parterre de broderies et de festons, d'arabesques et de plumetis de buis taillé —, constitue sans nul doute une savante réussite d'équilibre et de noblesse. Comme tout jardin à la française dans l'esprit de Le Nôtre, le jardin de Champs est conçu comme un lieu de réception en plein air. Son schéma géométrique et le décor de ses parterres, dont l'effet graphique est une réplique à celui des fers forgés, contribuent magnifiquement au style noble voulu par le Grand Siècle. Nature stylisée, le jardin est un artifice. Mais ses composants restent vivants, inscrits dans la mouvance des quatre éléments et des saisons : de là son mystère, où l'équilibre absolu, inscrit dans l'immuable, joue de la séduction d'un brin d'herbe dans le soleil.

Photos : R. Mazin-TOP.

Limitrophe
de Paris,
au sud-ouest

BOULOGNE-BILLANCOURT
Hauts-de-Seine

ANDRÉ MAUROIS ÉCRIT, EN 1949 : « LE BOIS A SES SENTIERS SECRETS, OÙ LES COUPLES AMOUREUX S'ENLACENT IMPUNÉMENT, MAIS IL A AUSSI SES GRANDES ROUTES, SES ALLÉES CAVALIÈRES, SES PROMENADES PUBLIQUES, SES RESTAURANTS, SON CIMETIÈRE. »

Cette importante agglomération évoque une zone industrielle, et en particulier les usines Renault. La partie nord de la boucle de la Seine constitue pourtant un quartier résidentiel aux villas élégantes, qui contraste avec le sud. Près du Bois de Boulogne, les jardins Albert-Kahn ont été créés par un banquier passionné d'arboriculture. L'église Notre-Dame-des-Menus conserve une nef du XIVᵉ siècle qui n'a pas subi la restauration apportée au reste de l'édifice par Viollet-le-Duc. Quelques vieilles maisons près de l'église rappellent le village d'autrefois. Mais c'est l'historien Paul Marmottan qui a probablement, avec Albert Kahn, apporté le plus à la ville actuelle, en léguant à l'Institut de France une bibliothèque de 12 000 volumes sur la période napoléonienne. Dans cet hôtel 1900, les livres et les estampes sont présentés dans un véritable petit musée de l'époque impériale. Non loin de la bibliothèque, un musée-jardin est consacré aux sculptures de Paul Landowski.

C. Bibollet - TOP

À *Boulogne-Billancourt, dans le jardin créé au début du siècle par Albert Kahn, le Bouddha méditant au milieu des fougères incite à découvrir les autres secrets de cet éden nippon.*

La bibliothèque Paul-Marmottan recèle des trésors sur l'époque napoléonienne.

*'entrée principale de la
iothèque Marmottan, à
logne-Billancourt, cette
en fonte sortant du
, avec sa couronne et
barbiche de bouc,
que un dieu de l'Anti-
é, Bacchus ou quelque
ne.*

ibollet - Top

BOUSSY-SAINT-ANTOINE
Essonne

Paris : 14 km

SI PRÈS DE LA CAPITALE ET DÉJÀ EN PLEINE CAMPAGNE, SUR LES BORDS DE L'YERRES !

Du terre-plein planté d'arbres où se trouve la petite église gothique qui a souvent inspiré Dunoyer de Segonzac, la vue sur l'Yerres incite à découvrir cette jolie rivière. Sur ses rives verdoyantes, quelques vieilles maisons ont été conservées dans leur environnement naturel, notamment celle où Boieldieu composa *la Dame blanche*, opéra-comique du début du XIXᵉ siècle, et le moulin de Jarcy avec sa tourelle évoquant l'abbaye détruite à la Révolution. Quant au manoir des Dunoyer de Segonzac, il est maintenant transformé en musée.

DUNOYER DE SEGONZAC

C. Bibollet - TOP.

Le musée qui porte son nom est installé, grâce à une donation de l'artiste, dans une très vieille demeure bénédictine restaurée au cours des siècles. Dunoyer de Segonzac (1884-1974), qui passa à Boussy toute son enfance, est resté attaché à ces paysages d'Île-de-France, à cette rivière d'Yerres. Même après son installation dans le Midi — à Saint-Tropez —, il continua à peindre ou à dessiner sa région natale et il eut la joie de voir donner son nom à la place située près du musée, cinq ans avant sa mort. Les gravures et les dessins exposés à Boussy-Saint-Antoine incitent à connaître d'autres œuvres de l'artiste, par exemple au musée Lambinet de Versailles ou au musée d'Île-de-France à Sceaux. On peut toutefois regretter que bien des natures mortes fassent partie de collections privées : elles expriment, plus encore que les paysages, un amour des couleurs — peut-être tout simplement de la vie — né au plus profond du sol natal et fortifié au soleil du Midi.

C. Bibollet - TOP

BRAY-SUR-SEINE
Seine-et-Marne

Paris : 58 km
Provins : 20 km

CE VILLAGE DES BORDS DE SEINE PERMET DE DÉCOUVRIR UN MUSÉE AUX TRÉSORS INSOLITES.

Ce bourg entouré de mails plantés de tilleuls doit son charme à sa situation sur la rive gauche de la Seine au cœur de la Bassée, plaine alluviale riche en prés, peupleraies et pépinières. Là, comme le dit Henri Ghéon, enfant du pays ami d'André Gide et fondateur avec lui de *la Nouvelle Revue française*, la Voulzie se mêle à « une Seine plus rivière encore que fleuve, en un grand champ de roseaux bleus ». À Bray, comme dans toute la Bassée, les maisons ont souvent gardé leur caractère : damiers de craie et colombage s'allient pour donner un style particulier aux vieilles rues. L'église, remaniée à la Renaissance, conserve une partie de ses structures romanes. À l'intérieur, une statue de saint

R. Mazin - TOP.

Nicolas — patron des mariniers — rappelle l'importance de la batellerie sur la Seine. Fier de son fleuve, Bray l'est aussi de son musée, riche en objets de fouille et en souvenirs plus récents comme cette boule de lettres flottantes utilisées pendant la guerre de 1870.

BRIE-COMTE-ROBERT
Seine-et-Marne

Paris : 29 km
Melun : 18 km

UNE BELLE ÉTAPE SUR LA ROUTE DE PROVINS ET SUR LA ROUTE DES ROSES.

Cette ancienne capitale de la Brie française doit son nom à Robert, fils de Louis VI. Les ruines du château, qui conserve ses douves et ses quatre tours, les arcades gothiques — reste de l'ancien hôtel-Dieu — et surtout l'église Saint-Étienne témoignent de l'importance d'une cité médiévale située sur la route de Provins. L'église, avec son beau clocher carré du XIIIᵉ siècle, qui domine la campagne environnante où l'on cultive encore la rose, attire l'attention. Elle a gardé la splendeur d'une fille de Notre-Dame de Paris, à en juger par la rose de la façade et par celle du chevet, qui représente les douze Apôtres. La nef est étayée par des arcs-boutants décorés de gargouilles de style gothique ; les chapelles latérales, la tourelle d'escalier comme la galerie surplombant la porte centrale sont Renaissance.

CERGY
Val-d'Oise

Paris : 37 km

SI PRÈS DE PONTOISE, UN VRAI VILLAGE ET UNE AUTHENTIQUE ÉGLISE DE CAMPAGNE.

Ce nom, qui évoque désormais la grande cité moderne de Cergy-Pontoise, est celui d'un ancien village situé au bord de l'Oise, en bordure de la ville nouvelle. L'église, des XIIᵉ, XIIIᵉ et XVIᵉ siècles, pointe une tour-clocher terminée par une flèche à crochets d'époque Renaissance. Sur la façade nord, un portail Renaissance, au tympan représentant les Apôtres, mène à une cour en ruines. Sur la même façade, un autre portail, du XIIIᵉ siècle, rappelle par son tympan la légende de saint Christophe, patron de l'église. À l'intérieur, les chapiteaux romans de la travée placée sous la tour ne manquent pas d'intérêt, de même que les statues de bois et le maître-autel.

Saint Nicolas, représenté ici avec les enfants qu'il a ressuscités sortant d'un saloir, a été l'objet au Moyen Âge de bien des cultes. Personnage de la Légende dorée, il est vénéré dans l'église de Bray-sur-Seine comme le patron des mariniers.

L'église de Cergy : EN HAUT, les chapiteaux romans expriment toute la fantaisie des sculpteurs du XIIᵉ siècle. Ici sont représentés les tourments qui attendent le pécheur non repenti : deux diables à visage d'animal féroce l'agrippent pour l'entraîner dans les flammes ; EN BAS, sur le tympan du portail nord, l'histoire de saint Christophe, patron de l'église, est figurée en plusieurs scènes.

Paris : 40 km
L'Isle-Adam : 4 km

CHAMPAGNE-SUR-OISE
Val-d'Oise

DANS UN VILLAGE TRANQUILLE, PEU CONNU DES TOURISTES, UNE ÉGLISE DE MAÎTRE, PROBABLEMENT PIERRE DE MONTREUIL.

Ce village situé sur la route qui mène à l'Isle-Adam, à quelques kilomètres de Beaumont, domine l'Oise. Village verdoyant et tranquille avec ses propriétés bien entretenues entourées de jardins, où l'église, un peu à l'écart, dresse sa tour carrée. Cette tour ajourée, d'une élégance toute gothique, ne manque pas de détails charmants au tour imprévu, telle une frise de mascarons — figures grotesques en forme de masques — à son sommet.

À cette église, des XIIᵉ et XIIIᵉ siècles, un porche Renaissance a été ajouté au sud, construit très en avancée. Une belle Vierge à l'Enfant — la tête de l'Enfant manque — domine ce portail.

Le portail central se caractérise par une grande simplicité. L'intérieur de l'église comporte des œuvres d'art de qualité : fonts baptismaux du XVIᵉ siècle, statues de la Vierge et divers objets du culte.

Cependant, le plus grand intérêt de l'édifice reste sa « poutre de gloire », traverse en pierre réunissant les deux premiers piliers du chœur et marquant son entrée. Cet apport original date du XVᵉ siècle et s'intègre parfaitement à un ensemble fort harmonieux.

R. Cesar - TOP.

À Champagne-sur-Oise, cette église de campagne pointe sa tour-clocher du XIIIᵉ siècle avec une fierté de cathédrale. Ses arcs-boutants soutiennent une nef inspirée de celle de Notre-Dame de Paris.

CHAMPEAUX
Seine-et-Marne

Paris : 58 km
Melun : 13 km

DANS LA COLLÉGIALE DE CET ANCIEN BOURG FORTIFIÉ, DE CURIEUSES STALLES ONT ÉTÉ SCULPTÉES AVEC UN HUMOUR PEU CONVENTIONNEL.

Qui s'attendrait à découvrir dans un si petit village, non loin de Melun, une aussi belle collégiale ? À l'époque de sa fondation, par le théologien Guillaume de Champeaux — oncle et rival d'Abélard —, la tour massive dominant la plaine de Brie indiquait un gros bourg fortifié. L'église, avec sa belle nef d'une légèreté toute gothique, permet d'évoquer le temps où à Champeaux quarante chanoines et chapelains se réunissaient. Ont été préservées des pierres tombales, qui voisinent avec les stalles, sculptées au XVIᵉ siècle par Richard Falaise, à la croisée du transept. Les personnages satiriques de ces miséricordes manifestent un humour peu conventionnel.

CHAMPIGNY-SUR-MARNE
Val-de-Marne

Paris : 10 km

SUR CET ANCIEN CHAMP DE BATAILLE, UNE ÉGLISE ET UN CHÂTEAU ONT RÉSISTÉ À DES COMBATS POURTANT ACHARNÉS.

Cette commune, qui bénéficie d'une jolie vue sur une boucle de la Marne, garde le souvenir de la guerre de 1870.

R. Mazin - TOP.

La collégiale de Champeaux est un poème gothique écrit sur deux siècles — du XIIᵉ au XIVᵉ siècle. La lumière entre à flots par les baies et fenêtres géminées du chœur.

La collégiale de Champeaux : À DROITE, les stalles de Richard Falaise associent des éléments décoratifs typiquement médiévaux, tels les animaux fantastiques de ce détail, à des personnages fort peu conventionnels comme l'ange en pleine chevauchée ; À GAUCHE, ce cul-de-lampe, à l'intérieur de la collégiale, rappelle certaines déesses orientales et semble s'inspirer de l'art byzantin. EN HAUT, sur l'une des stalles, ce personnage tenant une banderole ne ressemble guère à l'ange qu'il est censé représenter.

17

La rue du Monument mène, en effet, sur le plateau à la pyramide qui accompagne l'ossuaire des soldats français et prussiens qui tombèrent au cours des combats menés pendant le siège de Paris. L'église Saint-Saturnin a souffert de ces combats, mais elle a conservé sa nef, du XIIIe siècle, et son clocher, du XIIe. À l'intérieur, plusieurs œuvres d'art, dont un panneau de bois sculpté du XVIIe siècle représentant le Christ au jardin des Oliviers et le Christ devant Caïphe. Près du hameau de Cœuilly, le château du XVIIe siècle, avec un fronton triangulaire et des toits à la Mansart, porte l'empreinte du XVIIIe siècle sous forme d'agrafes au-dessus des fenêtres. La chapelle, ouverte au public, ne manque pas d'intérêt.

de cette belle demeure de style typiquement XVIIIe siècle un vrai musée. Par les fenêtres, on peut admirer les magnifiques jardins dessinés par un neveu de Le Nôtre presque un siècle après ceux de Versailles. C'était du temps du duc de La Vallière, petit-neveu de la célèbre Louise, maîtresse de Louis XIV. À l'ordonnance stricte du jardin à la française, on commençait alors à préférer le désordre du jardin à l'anglaise. À Champs, au contraire, tout est rigueur et symétrie : les plates-bandes de buis taillé, aux dessins géométriques, le bassin rappelant celui de Sceaux dessiné par Le Brun. Même les orangers, dont certains ont 250 ans, même l'if, qui aurait été planté par Bossuet, respectent la perspective.

Paris : 22,5 km

CHÂTEAU DE CHAMPS
Seine-et-Marne

LES TROP SOMPTUEUSES DEMEURES NE PORTENT PAS CHANCE À LEUR PROPRIÉTAIRE : POISSON DE BOURVALAIS, ANCIEN LAQUAIS ENRICHI, FUT ARRÊTÉ POUR MALVERSATIONS !

Les habitants de Marne-la Vallée peuvent apprécier le contraste existant entre la ville nouvelle et ce château du XVIIIe siècle situé à proximité. Le souvenir de Mme de Pompadour, qui fut un temps locataire des lieux, demeure dans l'une des chambres, qui conserve son portrait par Drouais. D'autres portraits — notamment celui de Louis XIV, par Mignard —, des peintures de Christophe Huet dans l'esprit oriental du salon chinois, des dessus de portes de Carle Van Loo et tout un mobilier souvent signé des plus grands, de Jacob en particulier, font

CHARENTON-LE-PONT
Val-de-Marne

Limitrophe de Paris, au sud-est

UNE PORTE DE PARIS, UN PONT AU CONFLUENT DE LA MARNE ET DE LA SEINE BIEN SOUVENT RECONSTRUIT... ET UN MUSÉE TOUT NOUVEAU SUR UN TRÈS VIEUX THÈME.

Cette commune, qui fut un vieux village dominant le confluent de la Marne et de la Seine, ne présente plus que des vestiges de son ancienne splendeur : du château de Bercy a été épargnée une partie des communs, rue du Petit-Château, du château de Conflans seulement une aile. Quant au célèbre pont reliant actuellement Charenton à Maisons-Alfort, il passe pour avoir été reconstruit dix-sept fois ! La création d'un musée du Pain, en 1972, rue Victor-Hugo, est venu apporter un nouveau centre d'intérêt à la localité. L'histoire du pain, c'est l'histoire

...ns la chambre de ... de Pompadour, qui fit ...nager l'intérieur de ...mps selon son goût ...onnel, cette boiserie ...ésente les amours d'un ...le de colombes. Ce ...ne bien dans l'esprit du ...s est décoré de guir-...es de fleurs s'entrela-...en un réseau serré ...quement rocaille.

...zin - Top

R. Mazin - TOP.

Ce salon du château de Champs fut décoré par Christophe Huet de peintures d'inspiration chinoise, spécialité de cet artiste très apprécié de la favorite royale. Les fauteuils, recouverts de tapisseries de Beauvais, représentent les fables de La Fontaine, d'après des cartons d'Oudry.

de l'humanité dans ses aspects les plus quotidiens. Des moules à gâteaux syriens datant de dix-sept siècles avant Jésus-Christ jusqu'aux moules divers du temps de Napoléon III, que de transformations dans le mode de vie !

Paris : 51 km
Pontoise : 18 km

CHARS
Val-d'Oise

SON ÉGLISE IMPRESSIONNE PAR SA CONSTRUCTION COMPLEXE. À L'EXTÉRIEUR, DES TÊTES À VISAGES HUMAINS TERMINENT LES CHAPELLES DU CHŒUR.

Ce bourg de la vallée de la Viosne a conservé plusieurs vieilles maisons des XVIIIe et XIXe siècles. L'église Saint-Sulpice, élevée au XIIe siècle, conserve de l'époque romane sa façade et l'architecture générale de sa nef et des bas-côtés. Le chœur, des XIIe et XIIIe siècles, est constitué de cinq chapelles rayonnantes, aux tribunes surmontées de rosaces. Des voûtes gothiques ajoutées au XIIIe siècle attirent le regard par leurs clefs au décor flamboyant, notamment la troisième clef, avec son agneau pascal entouré de quatre figures de rois. Le clocher et le transept ont été reconstruits au XVIe siècle ; une belle tour carrée est attribuée à Nicolas Lemercier. La décoration rend l'ensemble très lumineux et met en valeur une construction harmonieuse, où les remaniements du XVIe siècle s'intègrent bien. Cette région du Vexin détient des richesses artistiques souvent méconnues ; aussi la visite de Saint-Sulpice doit-elle inciter à découvrir des églises plus modestes, comme celles de Bellay-en-Vexin et de Marine.

Clef de voûte dans la partie du XIIe siècle de l'église de Chars. Les quatre rois entourant l'Agneau pascal (symbole du Christ) pourraient être Samuel, Saül, David et Salomon.

R. Cesar - Top

Paris : 95 km
Nemours : 15 km

CHÂTEAU-LANDON
Seine-et-Marne

UNE ANCIENNE CAPITALE MÉDIÉVALE RETRANCHÉE À L'EXTRÊME SUD DE SON DÉPARTEMENT.

Vieille ville bâtie sur un coteau et entourée de remparts, Château-Landon domine la vallée du Fusain. Cette jolie rivière arrose des prés et des potagers, paysage typique du Gâtinais, qui contraste avec les étendues céréalières situées en contrebas. Une promenade sur les remparts permet de se rendre compte de l'importance de cette ancienne ville. L'église Notre-Dame dresse son clocher du XIIIe siècle à trois étages de fenêtres. Malgré des remaniements, elle conserve une belle nef du XIe siècle et un portail ouest du Xe. À l'intérieur, on peut admirer des sculptures sur bois du XIVe siècle et d'intéressantes cuves baptismales. Une autre tour romane, ronde et à quatre étages, celle de l'abbaye de Saint-Séverin, qui fut fondée au XIe siècle sur le tombeau d'un saint très vénéré, abrite maintenant un asile de vieillards. De l'ancien château gothique, il ne reste qu'une tour du XVe siècle, de l'hôtel de la Monnaie un beau pignon du XIVe, de Saint-Tugal une tour romane. D'autres monuments ont mieux résisté : on peut visiter le musée de la Préhistoire et de Géologie dans une chapelle des Templiers du XIIIe siècle ; sous les ruines de l'église abbatiale, a été mise au jour une église basse du XIe siècle ornée de peintures murales. Un passé aussi riche devrait inciter à découvrir une ville située loin des grands axes et parfois méconnue des touristes. Sur la route de Montargis, dans une ferme située un peu en dehors du centre, le propriétaire entretient pieusement un clocher-porche du XIIe siècle, reste du prieuré de Saint-André.

Vue caractéristique de Château-Landon, avec l'abbaye Saint-Séverin accrochée au rempart comme un château fort.

R. Mazin - TOP.

25

Paris : 12 km

CHÂTENAY-MALABRY
Hauts-de-Seine

CHATEAUBRIAND Y ACHETA SA
« CHAUMIÈRE » DE LA VALLÉE-AUX-LOUPS.

Malgré l'urbanisation de cette partie du département proche de la capitale, le village qui a attiré tant d'écrivains au XIXᵉ siècle conserve en partie son caractère champêtre, avec ses pépinières et le bois de Verrières tout proche. L'église Saint-Germain-l'Auxerrois pointe encore son clocher roman. Comme bien des paroisses autrefois rustiques, elle abrite des œuvres d'art, en particulier quelques beaux chapiteaux. Les amateurs de souvenirs littéraires ou artistiques retrouveront à Châtenay les souvenirs de la comtesse de Boigne et de madame Récamier dans le parc du château de la Roseraie, le buste de Voltaire (qui a séjourné dans une maison aujourd'hui disparue) sur la place de l'Église et la propriété de la Vallée-aux-Loups encore si fidèle à la mémoire de Chateaubriand. En

1807, l'écrivain fuit la colère de Napoléon en s'exilant dans ce refuge verdoyant. Il espérait ne jamais quitter cette maison qu'il avait transformée selon son goût d'orientaliste et de médiévaliste, en l'ornant d'un portique à colonnes de marbre, de deux caryatides et de quelques mâchicoulis. Tout Paris venait visiter le grand homme. Malheureusement, pour des raisons financières, il vendit la propriété en 1818. Plus tard, il écrivit : « La Vallée-aux-Loups, de toutes les choses qui me sont échappées, est la seule que je regrette. » Il avait surtout la nostalgie des arbres qu'il avait plantés, qu'il connaissait « tous par leur nom » et qui font encore la splendeur du parc, autour de la maison récemment transformée en musée Chateaubriand. Des plantes grimpantes montent sur une des façades, donnant à cet ensemble architectural quelque peu hétéroclite son unité et son charme digne du grand écrivain.

Châtenay-Malabry. EN BAS : *La maison de la Vallée-aux-Loups, où Chateaubriand a laissé tant de sa présence, est environnée par les arbres qu'il a plantés avec amour. Certaines espèces viennent d'Amérique, où l'écrivain avait émigré au moment de la Révolution.*
EN HAUT : *Détail d'un chapiteau dans la partie ogivale de l'église Saint-Germain-l'Auxerrois. Le personnage central, avec sa large tête surmontant un corps minuscule, a le charme des statues primitives.*

Paris : 16 km

CHATOU
Yvelines

RENOIR ET MAUPASSANT S'Y
RENCONTRAIENT SOUVENT. RENOIR DISAIT
DE L'ÉCRIVAIN : « IL VOIT TOUT EN NOIR. »
ET CE DERNIER DISAIT DU PEINTRE : « IL
VOIT TOUT EN ROSE ! »

Cet ancien village situé sur la rive droite de la Seine a conservé son église qui, malgré bien des remaniements, domine encore les quais de son beau clocher roman. Du château construit au XVIIIe siècle par Soufflot, il ne reste qu'une intéressante grotte architecturale, ou nymphée. Quant aux souvenirs des impressionnistes, la restauration de la maison Fournaise permet de les évoquer dans cette île faisant partie de Chatou et immortalisée par Renoir dans le *Déjeuner des canotiers*. Le peintre trouva là l'inspiration des scènes animées qui font revivre la bohème parisienne, mais il peignit également la fille du restaurateur, la jolie demoiselle Fournaise. Maupassant, dans ses nouvelles, a décrit avec justesse l'animation qui accompagnait alors la fête : « Le restaurant Grillon (en fait le restaurant Fournaise), ce phalanstère des canotiers, se vidait lentement. C'était, devant la porte, un tumulte de cris, d'appels ; et les grands gaillards en maillot blanc gesticulaient avec des avirons sur l'épaule. Les femmes, en claire toilette de printemps, embarquaient avec précaution dans les yoles... » Mais il sut aussi traduire l'atmosphère de désenchantement qui perçait derrière la joie de vivre et que révèlent d'autres passages de *la Femme de Jules*.

La Grenouillère, établissement flottant de l'île, située entre Croissy et Bougival, n'existe plus, et l'auberge Jaunart, où tant d'éphémères bonheurs virent le jour, est devenue maison particulière. Mais certaines villas des bords de Seine n'ont guère changé, comme si elles avaient mieux résisté que les guinguettes à l'urbanisation des villages. Le long du chemin de halage, entre Croissy et Chatou, les maisons se reflètent dans l'eau et, quand la lumière se fait propice, un tableau impressionniste est reconstitué sous les yeux du promeneur. Et, aux écluses de Bougival, les péniches passent lentement, aussi paisiblement que celles peintes par Sisley en 1873.

ÉCOLE DE CHATOU

En 1899, deux peintres s'installent, pour travailler, au restaurant Levanneur, quittant le trop bruyant Fournaise. Le Parisien Maurice de Vlaminck a rejoint en effet André Derain, né à Chatou en 1880. Délaissant le style impressionniste des autres artistes amoureux de la région, les deux amis vont créer une école nouvelle, le fauvisme, mouvement pictural qui doit son nom au critique d'art L. Vauxcelles, lequel s'était écrié au Salon de 1905, en découvrant parmi ces nouveaux peintres aux créations « peu civilisées » un bronze florentin d'une esthétique plus orthodoxe : « Donatello parmi les fauves ! » Mais déjà les fondateurs du mouvement ont quitté Chatou, non sans avoir converti à leurs idées plusieurs de leurs visiteurs, tels Matisse, Braque et Marquet. En 1905, un de leurs derniers visiteurs, le marchand Vollard, achète tous leurs tableaux pour une somme considérable à l'époque. René Huyghe a défini ainsi l'art de Vlaminck. « Il pousse à leurs limites extrêmes les conceptions de Van Gogh. Le visage est une tache de rouge sculptée dans la pâte. L'artiste impose une présence brutale et sans nuances. » À propos d'un tableau de Derain, *Big Ben*, il précise : « D'entrée, le fauvisme va pousser au paroxysme les audaces chromatiques de la génération précédente. Là où Cross et Signac conservent un principe d'harmonie, fût-ce en montant leurs tons, Matisse, Derain, Van Dongen pratiquent une peinture agressive, toute de défi, où la couleur doit parler par elle-même. »

CHEVREUSE
Yvelines

Paris : 37,5 km
Rambouillet : 19 km

RACINE Y GOÛTA DANS SA JEUNESSE « TOUS
LES PLAISIRS DE LA VIE SOLITAIRE ».

Dominé par le château de la Madeleine, ce vieux bourg, auquel les chèvres ont donné leur nom, se trouve dans la vallée verdoyante de l'Yvette et de ses affluents. Malgré la proximité de la capitale, la région conserve son caractère. Même les églises, dans leur simplicité rustique, ont échappé à l'emprise des architectes parisiens. Celle de Chevreuse, en pierre meulière, comme celle de Saint-Lambert et tant d'autres des environs, abrite des œuvres d'art d'une qualité inattendue dans un édifice aussi modeste. Près de la place des Halles et rue de Versailles, de vieilles maisons ont été pré-

Le château féodal de la Madeleine, aujourd'hui démantelé, domine toujours le village de Chevreuse, fief de la puissante famille que Richelieu puis Mazarin ont voulu soumettre.

te caryatide sou-
· le portique ajouté
Chateaubriand à
« chaumière » de la
·lée-aux-Loups. Le
·il grec de cette sta-
·rappelle le goût de
·grand voyageur
·r l'Orient.

C. Bibollet-Top

·ollet-Top

servées. Racine s'arrêtait parfois au cabaret du Lys lorsqu'il séjournait chez son oncle, intendant du duc de Guise au château de la Madeleine. Il allait souvent retrouver les « Messieurs de Port-Royal » et suivait à travers bois un itinéraire maintenant baptisé « chemin de Racine ». Près du mur d'enceinte du château, une plaque indique le point de départ du parcours qui, sur une distance de 5 km, est jalonné de plaques commémoratives rappelant le tricentenaire de l'écrivain par des vers tirés de ses poèmes de jeunesse.

Chevreuse est entré dans l'histoire dès le Moyen Âge. Le donjon élevé au XIe siècle était déjà à demi abattu lorsque Racine vivait à l'ombre de ses remparts. Quant à l'imposant fief de Claude de Lorraine, il fut démantelé à la suite des démêlés de sa propriétaire, la duchesse de Chevreuse, avec Richelieu. Ce qui permit à Bussy-Rabutin d'écrire sur cette femme à la vie sentimentale agitée : « Chevreuse est une grande place forte ancienne... Maintenant la citadelle est toute ruinée par la quantité de sièges qu'on y a faits... on dit qu'elle s'est souvent rendue. » Ce qu'insinuait cette mauvaise langue sur une femme « plus toute jeune » pourrait aussi s'appliquer à la forteresse, actuellement en cours de restauration. L'enceinte encore jalonnée de tours sera, en 1990, la maison du parc de Chevreuse.

Du haut du donjon, toute la vallée se dessine, avec, au premier plan, le vieux village témoin de cinq siècles d'histoire.

CHOISEL
Yvelines

Paris : 34,5 km

UN CHÂTEAU HISTORIQUE OÙ REVIT LE PASSÉ D'UNE FAMILLE.

Dans cette localité de la vallée de Chevreuse, le château de Breteuil séduit par ses jardins à la française. Des concerts, fréquemment donnés dans les salles de réception de la demeure, donnent au public l'occasion d'admirer l'intérieur de celle-ci. Les propriétaires ont récemment transformé les lieux habités par leur famille depuis 1712 en un véritable petit musée : des personnages de cire reconstituent des épisodes historiques au milieu d'un mobilier remarquable, telle la table de Teschen, splendide guéridon incrusté de gemmes et de perles offert par l'impératrice d'Autriche Marie-Thérèse.

Quant aux cuisines, avec leurs collections d'étains et de cuivres, elles complètent heureusement cette fidèle résurrection du passé.

Le château de Breteuil, commencé sous Henri IV et terminé au XVIIIe siècle par deux ailes latérales, est l'œuvre d'une famille, les marquis de Breteuil.

C. Bibollet-Top

C. Biboliet-Top

C. Biboliet-Top

Les jardins de Breteuil ont été réalisés d'après des dessins de Le Nôtre,
avec de belles échappées vers la forêt (EN HAUT).
L'intérieur du château fait revivre deux siècles d'histoire,
en particulier ce salon où le portrait de Gabrielle-Émilie de Breteuil,
marquise du Châtelet, a toute la grâce du XVIIIᵉ siècle (EN BAS).

CONFLANS-SAINTE-HONORINE
Yvelines

CE HAUT LIEU DE LA BATELLERIE POSSÈDE UN PONT MÉTALLIQUE DÛ À GUSTAVE EIFFEL.

Au confluent de la Seine et de l'Oise, Conflans-Sainte-Honorine, qui doit son nom à une martyre patronne des « enchaînés », reste de nos jours un port important. Le vieux bourg est bâti sur la colline, dominé par l'église Saint-Maclou, mi-romane, mi-gothique, avec son clocher à flèche de pierre et sa triple nef, plus tardive. À l'intérieur, la châsse de sainte Honorine, les fresques rappelant son martyre et sa statue suscitent encore la vénération des mariniers, qui se réunissent en février, à l'occasion de la fête de la sainte, et en juin, pour le grand pardon de la batellerie. Le château féodal n'a plus qu'un donjon carré ; quant à l'ancien prieuré, derrière l'église, il a conservé une superbe crypte gothique sous la terrasse d'un château de style pseudo-Renaissance. Cet édifice abrite le musée de la Batellerie : dans plusieurs salles, toute l'histoire de ce très vieux métier revit grâce aux maquettes des diverses embarcations utilisées à travers les siècles.

Au musée de la Batellerie, à Conflans-Sainte-Honorine, sont rassemblées maquettes et embarcations de toutes sortes...

CORBEIL-ESSONNES
Essonne

DEPUIS LE XIIᵉ SIÈCLE, SUR LA SEINE, DES PÉNICHES CHARGÉES DE BLÉ SE DIRIGENT PAISIBLEMENT VERS SES GRANDS MOULINS.

Située entre la Seine et deux bras de l'Essonne, la cité actuelle — née de la fusion en 1951 des deux villes qui lui ont donné leur nom — apparaît au premier abord comme très industrielle. Mais elle garde, avec ses deux églises, le témoignage d'un passé encore vivant : Essonnes a en effet conservé son église des XIIᵉ et XIIIᵉ siècles dédiée à Saint-Étienne ; quant à Corbeil, elle se signale par la grosse tour carrée du XIIIᵉ siècle qui surmonte le porche de la façade ouest de la cathédrale Saint-Spire. Celle-ci, malgré bien des remaniements, ne manque pas d'intérêt avec sa nef gothique et ses chapelles riches en œuvres d'art, en particulier des boiseries du XVIIᵉ siècle dont les personnages représentent les Apôtres et les docteurs de l'Église.

COULOMMIERS
Seine-et-Marne

LA BRIE S'Y FAIT DÉJÀ CHAMPENOISE ET LE CHÂTEAU FORT ÉVOQUE UNE PUISSANTE FAMILLE COMTALE, LONGTEMPS RIVALE DU ROI DE FRANCE.

Cette petite ville traversée par plusieurs bras du Grand Morin ne manque pas de charme. Son nom, qui évoque un succulent fromage de Brie, vient du latin : César en approchant de ces lieux aurait vu s'envoler des colombes, d'où l'appellation de *Castrum-Columbarium*, le Fort-aux-Colombes. Du château élevé par la duchesse de Longueville au XVIIᵉ siècle, il ne reste que les douves et deux pavillons. Mais ces vestiges contribuent au prestige du parc des Capucins, belle promenade très appréciée des habitants, avec sa longue allée de peupliers. Près des douves, la chapelle des Capucins, du XVIIᵉ siècle, abrite un petit musée renfermant une collection archéologique et folklorique. Dominant la ville de ses magnifiques bâtiments des XIIIᵉ et XVᵉ siècles, la commanderie des Templiers offre un bien « beau cadre » pour un musée aux expositions temporaires souvent très intéressantes.

Cette commanderie des Templiers domine la vieille ville de Coulommiers. Des bâtiments des XVᵉ et XVIᵉ siècles encadrent des restes plus anciens, en particulier une chapelle gothique. Ce bel ensemble vient d'être restauré.

PAGES PRÉCÉDENTES
Détail de la table de Teschen, dite « table de l'Europe ». Chef-d'œuvre du joaillier Neuber, elle fut offerte à Louis-Auguste de Breteuil par l'impératrice d'Autriche Marie-Thérèse.
C. Bibollet-Top

Dans le parc d[es] Capucins, à Coulommier[s] ce vestige d'un château d[u] XVIIᵉ siècle révèle la ma[in] d'un maître. La demeure d[e] Catherine de Gonzague [a] été bâtie par Salomon [de] Brosse, architecte de Mar[ie] de Médici[s].
R. Mazin-T[op]

Bertheline, Arthénice, Domitille et les autres

Sur les hauteurs de Courbevoie, en bordure de la Seine, l'ancien pavillon de la Suède et de la Norvège de l'Exposition universelle de 1878 est devenu musée, à l'initiative de la petite-fille d'A. Fould, ministre de Napoléon III. S'y trouvent réunis des souvenirs historiques, des œuvres du peintre Roybet et de Carpeaux, ainsi qu'une collection de poupées anciennes au charme fascinant. Si la poupée figure en effet parmi les plus vieux jouets du monde, son âge d'or s'épanouit au XIXᵉ siècle, et c'est vers 1900 seulement que le goût de la collection apparaît chez les adultes, avant que, de nos jours, la cote des plus belles poupées (1860-1875) n'atteigne 250 000 francs...

Partant d'une nostalgie certaine de l'enfance innocente, ancrée sur une passion de la collection dont n'est jamais exclue une sentimentalité diffuse, la recherche anecdotique sur le jouet se double aujourd'hui d'une histoire de l'enfant et de ses jeux à travers les sociétés. « Objet ludique, support du jeu enfantin », la poupée est également « objet symbolique, support de fantasmes et de mythes », ainsi qu'un « objet social, issu d'un acte créateur, d'un travail, et intégré dans un circuit économique » (*la Poupée française*, catalogue du musée Roybet-C.-Fould, siège du Centre d'étude et de recherche sur les poupées). Les premiers fabricants de poupées au sens « industriel » du terme apparurent en Allemagne au XVᵉ siècle, avec les *dockenmacher* de Nuremberg. Peu après, en France, les bimbelotiers et les poupetiers commençaient à développer un artisanat florissant.

Quel chemin parcouru, déjà, entre les jouets de chanvre et de crin du Moyen Âge, et cette noble Arthénice de 38 cm de haut, vêtue de soie damassée avec rangs de perles (v. 1660, ci-contre, à droite), avec sa tête-buste et ses mains de cire, ses yeux incrustés de verre, sa bouche et ses sourcils peints. Et pourtant son corps en gros tissu bourré de paille n'a pas de jambes et tient debout grâce au parchemin sur lequel la jupe est cousue. Les brevets d'invention qui se succédèrent à partir de 1830 attestent le génie créateur des fabricants, Calixte Huret et Léontine Rohmer, le fameux Bru et J.-N. Steiner, sans oublier le grand Pierre-François Jumeau.

Yeux mobiles à l'iris moiré, articulations aux épaules et aux genoux, mains tournantes et tête mobile, poupée qui parle et poupée qui marche apparaissent dès 1890. C'est Théroude qui, le premier, en 1848, eut l'idée d'une poupée qui envoyait des baisers. La délicieuse Bertheline, tout de blanc vêtue (ci-contre, à l'extrême droite), illustre justement un modèle de poupée mécanique réalisé par ce fabricant vers 1860. Longtemps resté le matériau du jouet par excellence, le bois peut parfois rivaliser avec la porcelaine : ainsi cette poupée du XVIIIᵉ siècle (ci-dessus et ci-dessous), avec un visage, des mains et des pieds en bois sculpté et peint. Mais, en fait, la poupée-bébé ne date que des années 1850, et, dès lors, le poupon que berce la petite fille remplacera la « poupée de mode », habillée selon le goût du jour, ambassadrice-mannequin des créations parisiennes.

COURANCES
Essonne

Paris : 52 km
Milly-la-Forêt : 5 km

UN DES PLUS BEAUX CHÂTEAUX
D'ÎLE-DE-FRANCE, AU PARC DESSINÉ
PAR LE NÔTRE.

Petit village du pays de Bière, Courances, qui possède une jolie église des XIIᵉ et XIIIᵉ siècles, vit dans la gloire de son château. Bien que construit en 1550, le bâtiment central, flanqué de pavillons, forme un ensemble typiquement Louis XIII, où la douceur de la brique et de la pierre s'harmonise avec les hauts toits d'ardoise encore très Renaissance. C'est en effet aux remaniements d'un de ses propriétaires, Claude Gaillard, qu'il doit son aspect actuel, le XVIIIᵉ siècle n'y ayant ajouté, sur la façade, qu'un escalier en fer à cheval imité de celui de Fontainebleau. C'est toutefois son parc qui attire à Courances tant de visiteurs. Celui-ci, traversé par une allée principale plantée de platanes, est creusé de canaux alimentés par l'École et par une source de pièces d'eau, de douves se répartissant selon un vaste dessin imaginé par Le Nôtre. Chaque plan d'eau reflète des parterres : pièces d'eau du Fer-à-Cheval, du Grand Miroir, de la Gerbe — décagonale —, du Grand Canal... Dans ce jeu subtil entre l'eau et la nature, s'insèrent parfaitement des œuvres d'art : gueulards en forme de têtes de dauphins alimentant les douves, loups et lions ornant les cascatelles, ou encore statue d'une baigneuse, due à Poirier au XVIIIᵉ siècle et qui semble sortir de la petite pièce d'eau près du canal de la Foulerie, heureuse de son bain et toute gracieuse.

COURBEVOIE
Hauts-de-Seine

Paris : 3 km

ISSU DU LATIN CURVA VIA, « CHEMIN
SINUEUX », SON NOM ÉVOQUE LE MÉANDRE
DE LA SEINE.

Entre Puteaux et Asnières, sur la rive gauche de la Seine, Courbevoie défend son passé face aux grands ensembles de la Défense. La ville a conservé son église, construite en 1790, selon un curieux plan ellipsoïdal. À proximité de Bécon-les-Bruyères, dans le parc d'un château aujourd'hui détruit, subsistent deux pavillons de l'Exposition universelle de 1878 : celui des Indes anglaises est actuellement utilisé par le Service d'horticulture, tandis que celui de la Suède et de la Norvège, accolé à une villa de construction classique, constitue l'actuel musée Roybet-Fould. Ce dernier, en pin rouge — presque noir — de Norvège, avec des bandeaux décoratifs en sciure de bois compressée, constitue un des premiers exemples de préfabriqué artistique. C'est dans ce cadre que la petite-fille du ministre de Napoléon III Achille Fould a réuni des tableaux du peintre Roybet (1840-1920). Depuis, la municipalité a développé ce fonds en rassemblant dans ce musée des documents sur l'histoire de Courbevoie, des souvenirs du retour des cendres de Napoléon, une collection de poupées anciennes et de nombreuses œuvres de Carpeaux données par la fille du sculpteur, Louise. Les historiens se plaisent à y suivre l'évolution du village de Courbevoie, où les vignerons d'autrefois ont cédé la place aux industriels, qui, à leur tour,

À Courances, le château, commencé à la Renaissance, fut remanié au XVIIᵉ siècle dans le style Louis XIII. Douves et canaux reflètent de hautes toitures couronnant des pavillons en brique et pierre.

C. Bibollet-Top

PAGES PRÉCÉDENTES
Cette statue de baigneuse, due à Poirier, domine une des plus jolies pièces d'eau de Courances aux jardins justement célèbres.
C. Bibollet-Top

se sentent menacés par l'offensive des nombreuses sociétés de bureaux.

Les collectionneurs peuvent apprécier un remarquable ensemble de poupées. Quant aux admirateurs des pièces maîtresses de Carpeaux — tels *la Danse* pour la façade de l'Opéra de Paris, ou le groupe des *Quatre Parties du monde*, pour la fontaine de l'Observatoire — ils découvriront d'autres sculptures. Cette évocation de l'artiste est d'autant plus précieuse que la maison qu'il occupa à Courbevoie n'existe plus.

JEAN-BAPTISTE CARPEAUX

Détail du Triomphe de Flore *par Carpeaux.*

Né à Valenciennes en 1827 dans une famille très pauvre, Carpeaux trouve peu de compréhension chez les siens. C'est avec l'aide d'amis tels que Garnier, futur architecte de l'Opéra, qu'il peut faire ses études à l'École des beaux arts, puis séjourner à la villa Médicis, à Rome. D'Italie, il envoie un groupe dont le sujet, *Ugolin et ses enfants*, est tiré de l'*Enfer* de Dante. La protection d'Achille Fould, ministre des Finances de Napoléon III, lui permet d'imposer ce sujet aux autorités, qui auraient pourtant souhaité un thème plus académique. Toute sa vie est une lutte face à l'académisme solidement installé dans la France du second Empire. Les commandes officielles, tout en lui permettant de faire triompher ses conceptions esthétiques, ne le transforment jamais en sculpteur « arrivé ». Les critiques persistent : le groupe de *la Danse*, à peine exposé à l'Opéra, est aspergé d'encre ; les classiques s'indignent également du groupe du *Triomphe de Flore*, où le personnage central est jugé « trop saillant » pour un haut relief. Cet amour du mouvement, caractéristique des compositions de Car-

peaux, emporte, toutefois, l'adhésion d'esprits plus ouverts. Théophile Gautier écrit : « Cette Flore est plus vivante que la vie. » Et Charles Garnier, à propos de *la Danse*, émet un jugement courageux : « Je trouvais le modèle superbe, j'étais émerveillé de sa composition si vivante... si le monument pâtit un peu de l'exubérance de mon sculpteur, ça ne sera qu'un petit malheur, tandis que ça en serait un grand si, m'entêtant dans mes idées, je privais la France d'un morceau qui sera certes un chef-d'œuvre. »

Au musée de Courbevoie, outre les plâtres du *Triomphe de Flore* et d'*Ugolin et ses enfants*, le visiteur peut admirer des œuvres moins connues : esquisses nombreuses de ses sculptures, bustes de ses amis et protecteurs, terres cuites aux sujets familiers, comme l'*Amour blessé,* inspiré par un incident survenu à son fils Charles. D'autres aspects de cet artiste prolifique se révèlent grâce aux tableaux de collections particulières — la collection Fabius notamment. Mais c'est la salle consacrée à la danse — son thème le plus cher — qui est la plus évocatrice.

COURSON-MONTELOUP
Essonne

Paris : 38,5 km

UN DES PLUS IMPOSANTS CHÂTEAUX DE CETTE RÉGION, CACHÉ DERRIÈRE LES MURS D'UN PARC.

Non loin d'Arpajon, ce château de brique et de pierre a été construit en 1676 pour le président Lamoignon. C'est l'époque où les parlementaires souhaitent bâtir en province sans trop s'éloigner de leur monarque. L'avant-corps central est flanqué de chaque côté de deux pavillons et d'ailes basses en retour d'équerre. Le grand fronton triangulaire du centre, où seule la pierre a été utilisée, marque nettement le style Louis XIV de cette demeure due à un élève de Le Vau. Le parc à l'anglaise dessiné par Bertault — pay-

L'ancien vestibule du château de Courson fut transformé en salon d'apparat à l'époque de Napoléon III. Le plafond de Denuelle, décorateur et peintre du XIXe siècle, s'intègre bien aux structures du XVIIe siècle. Le mobilier, presque entièrement Napoléon III, complète un ensemble d'une grande richesse décorative.

sagiste de Joséphine à la Malmaison — donne une touche de fantaisie à ce chef-d'œuvre du classicisme. À l'intérieur, le mobilier du XVIIIe siècle est complété par une collection d'œuvres du premier Empire rappelant le souvenir du général Arrighi, cousin de l'Empereur, et comportant notamment le portrait de Napoléon en costume de sacre par Girodet. De nombreuses toiles de peintres espagnols — dont Pacheco et Zurbaran — sont exposées dans les salons ouverts au public. Près du château, a été reconstitué un hameau traditionnel, avec sa ferme et son vieux puits.

térieur, le chœur, dont les colonnettes reposent sur une série de masques formant des chapiteaux, est vivement éclairé par trois rangées de vitrages superposés. Cette lumière naturelle met en valeur les proportions de cet édifice gothique, où bien des détails retiennent l'attention. Sur un des bas-côtés, une cuve baptismale du XVIe siècle voisine avec un très beau groupe de pierre représentant la Trinité. En sortant du côté du cimetière, on découvre un autre titre de gloire de Crécy-la-Chapelle : la tombe de Charles Dullin, acteur et metteur en scène au théâtre de l'*Atelier*.

CRÉCY-LA-CHAPELLE
Seine-et-Marne

Paris : 47 km
Meaux : 15 km

UNE ÉGLISE D'UNE SPLENDEUR INSOLITE AU CLOCHER ORIGINAL.

Sur la route de Coulommiers, le long du Grand Morin, un clocher à quatre pignons, très caractéristiques du style champenois, annonce l'harmonieuse église de Crécy. Solidement appuyée sur ses arcs-boutants terminés par des contreforts, celle-ci conserve des gargouilles du XIIIe siècle. À l'in-

DAMMARTIN-EN-GOËLE
Seine-et-Marne

Paris : 35 km
Meaux : 21 km

« À DAMMARTIN, L'Y A TROIS BELLES FILLES L'Y EN A Z'UN' PLUS BELLE QUE LE JOUR » CHANTAIT LA SYLVIE DE NERVAL.

Ce vieux bourg campé sur la crête d'une colline a toujours été une place forte dominant l'ancien pays de France, au sein d'une riche région agricole faisant autrefois partie du domaine royal. Pendant la guerre de Cent Ans, le château fort — rasé plus tard par Richelieu — avait été repris aux Anglais par Antoine de Chabannes, compagnon de Jeanne d'Arc, qui remania en 1480 l'église Notre-Dame, alors collégiale. Du XIIIe siècle demeurent un beau portail flamboyant sur la façade ouest et le plan d'ensemble de cet édifice à deux nefs jumelles. Le chœur est fermé par une très belle grille Louis XV, qui constitue, avec les boiseries et les stalles du XVIIe siècle, un des trésors de l'ancienne collégiale. Bien que reconstruite en 1906, l'église Saint-Jean-Baptiste abrite également des œuvres d'art, en particulier une peinture sur bois du XVIIe siècle représentant la Cène. Riche de tout ce passé, Dammartin n'a cessé d'attirer les amoureux de l'histoire. Gérard de Nerval a décrit, avec une précision de randonneur du XIXe siècle, la promenade aménagée

R. Mazin-Top

À Crécy-la-Chapelle, le clocher à quatre pignons en forme de bonnet d'évêque de la collégiale gothique est typique du style briard.

La collégiale de Crécy-la-Chapelle est consacrée à la Vierge, comme le rappelle le portail ouest, décoré de ce magnifique tympan sur lequel le Christ pose une couronne sur la tête de sa mère.

À l'intérieur de collégiale Notr Dame, à Damm tin-en-Goële, ce grille Louis XV p sente une Vier surmontée d' groupe d'ang chantant s louang
R. Cesar-

en point de vue derrière l'abside de l'église Notre-Dame : « De Ver à Dammartin, il n'y a guère qu'une heure et demie de marche. J'ai eu le plaisir d'admirer, par une belle matinée, l'horizon de dix lieues qui s'étend autour du vieux château, si redoutable autrefois, et dominant toute la contrée. Les hautes tours sont démolies, mais l'emplacement se dessine encore sur ce point élevé, où l'on a planté des allées de tilleuls servant de promenade, au point même où se trouvaient les entrées et les cours. »

Paris : 39 km
Chevreuse : 4 km

DAMPIERRE-EN-YVELINES
Yvelines

LA DUCHESSE DE CHEVREUSE A HABITÉ CETTE DEMEURE, CHEF-D'ŒUVRE DE HARDOUIN-MANSART.

Ce village, séparé de Chevreuse par une très belle forêt, est situé à la jonction des vallons de l'Yvette et des Vaux-de-Cernay. Du premier château bâti en 1535, Hardouin-Mansart, chargé par le duc de Chevreuse de sa reconstruction, a conservé les douves et les tourelles d'angle qui flanquent les deux ailes. De brique et de pierre, comme tant de bâtiments de la fin du XVIe et du début du XVIIe siècle, cette belle demeure classique ne possède plus les hauts toits à grande pente du premier édifice, mais des toits à pente brisée, dits « à la Mansart ». De la route, vu de la grille, le château est dominé en arrière-plan par un parc dessiné par Le Nôtre et escaladant la colline au-dessus d'un premier parterre rendu presque invisible par les effets de la perspective. L'intérieur du château, décoré dans le goût néoantique au XIXe siècle, renferme de nombreuses œuvres d'art : portraits

du XVIIe et du XVIIIe siècle dus, notamment, à Rigaud, Drouais, Nattier, dessus de portes de Boucher et de Joseph Vernet, beau mobilier d'époque. Quant au buste de Louis XV par Lemoyne, il a été donné par la reine Marie Leszczynska. Une statue de Louis XIII adolescent, sculptée par Rude en 1843, constitue une des œuvres les plus intéressantes exposées au rez-de-chaussée. Au premier étage, dans un décor de style pompéien et grec venant du palais Médicis de Florence, deux panneaux représentent l'*Âge d'or* et l'*Âge de fer* ; par Ingres. Les propriétaires du château, qui appartient toujours à la famille de Luynes, n'ont jamais manqué de participer aux grands événements de leur siècle, comme en témoignent les souvenirs rassemblés dans l'église.

DAVRON
Yvelines

Paris : 33 km

LA SOMPTUEUSE RÉSIDENCE D'UN MINISTRE DES FINANCES DE L'ANCIEN RÉGIME.

Avec son église du XIIe siècle et son ancien prieuré transformé en ferme, Davron mérite à coup sûr une visite. Le château de Wideville, principal intérêt du village, s'annonce à gauche de l'église par une grille s'ouvrant sur une large avenue. En 1650, Claude de Bullion, grand argentier de Louis XIII, fit élever ce majestueux édifice de brique et de pierre. D'une architecture très classique, Wideville ne manque cependant pas de fantaisie : dans le parc, un nymphée évoque l'art de vivre à l'italienne. Le plafond de la salle a été décoré de fresques par Vouet.

SIMON VOUET

Né à Paris en 1590, ce peintre et graveur passe, comme beaucoup d'artistes de l'époque, plusieurs années en Italie. Quand il revient en France en 1626, il trouve vite son style. Dans le domaine religieux comme dans le domaine profane, il se révèle un grand coloriste, appréciant les teintes claires, parfois violentes. Son sens de la perspective et du mouvement ne tarde pas à l'imposer : Louis XIII et Richelieu lui passent commande de plusieurs retables et de cartons de tapisseries. Il exécute également des compositions religieuses pour les églises parisiennes, notamment *Saint Merri délivrant les prisonniers* à Saint-Merri, *Saint Louis recevant la couronne d'épines*, à Saint-Paul-Saint-Louis, œuvre de son atelier. Des particuliers lui passaient aussi commande. C'est ainsi qu'il réalise la fresque du château de Wideville, le *Parnasse entouré de figures de fleuves*, un thème mythologique à la mode. Malheureusement, beaucoup de ses œuvres sont dispersées en province et à l'étranger ; deux autoportraits sont conservés à Lyon et à Arles. Son rayonnement sur le monde artistique de son siècle fut considérable. Le Brun, son élève, n'a-t-il pas acquis auprès de lui ce style véhément et triomphal cher à Louis XIV ?

*D*ans le parc du château de Dampierre, où ce pavillon de chasse se reflète dans une pièce d'eau, les jardins à la française dessinés par Le Nôtre laissent parfois la nature reprendre ses droits.

C. Bibollet-Top

teau de
npierre-en-Yvelines.
ronton du corps de
central porte de
es des Luynes
drées de deux

ollet-Top

DONNEMARIE-DONTILLY
Seine-et-Marne

Paris : 60 km
Provins : 18 km

UN DES PLUS CURIEUX CHARNIERS DE LA
RÉGION EST CONSERVÉ PRÈS DE L'ÉGLISE DE
DONNEMARIE.

*À Donnemarie-Dontilly,
l'église du XIIIᵉ siècle est
consacrée à Notre-Dame,
comme le rappelle ce
tympan où deux anges
encensent la Vierge.*

Donnemarie-en-Montois a conservé son aspect de vieux bourg fortifié, et pourtant il ne reste de ses remparts que la porte de Provins avec ses deux tours. Les maisons sur la pente de la vallée de l'Auxence ont gardé de leur caractère ancien dans cette région accidentée du Montois. C'est surtout l'église de l'Assomption, du XIIIᵉ siècle, qui vaut à Donnemarie ses titres de noblesse, avec ses deux beaux portails, ornés, l'un d'un tympan, l'autre de statues décapitées à la Révolution, ou une nef gothique et un chevet éclairé d'une belle rose. Son cloître, du XVIᵉ siècle, présente une grande originalité. Sur le côté nord de l'église, en effet, deux galeries à la superbe charpente de bois encadrent l'ancien cimetière. La région, pourtant riche d'un passé encore vivant, possède peu d'édifices aussi intéressants. À Dontilly, sur la rive droite de l'Auxence, l'église, également du XIIIᵉ siècle, n'a qu'un clocher roman pour se signaler à l'attention du promeneur.

R. Mazin-Top

DOURDAN
Essonne

Paris : 51 km
Étampes : 16 km

LE MAMELOUK DE NAPOLÉON, ROUSTAN,
REPOSE À L'OMBRE DU CHÂTEAU DE
PHILIPPE AUGUSTE.

Charles Péguy dans sa *Présentation de la Beauce à Notre-Dame de Chartres* consacre plusieurs quatrains au « noble Hurepoix ». C'est ainsi qu'il décrit l'étape du pèlerinage :

*« Nous avons pu coucher dans le calme Dourdan.
C'est un gros bourg, très riche et qui sent sa province.
Fiers nous avons logé, regardé comme un prince
Les fossés du château coupés comme un redan. »*

Le château, où naquit Hugues Capet et qui fut reconstruit par Philippe Auguste, a gardé toute sa majesté féodale, avec son enceinte flanquée de tours, son donjon cylindrique et ses fossés. Il est devenu musée et présente, dans ce cadre royal, une collection de pièces

*Le château de Dourdan, restauré au XIXᵉ siècle, a
conservé son caractère médiéval. Cette chambre, site
de la duchesse d'Uzès, fait partie de l'ancien grenier
à sel transformé en musée. Le mobilier est néogothique,
la cheminée un moulage d'une cheminée Renaissance.*

préhistoriques et gallo-romaines, ainsi que, parfois, des expositions d'art moderne. La vue sur Dourdan, l'Orge et la région boisée des environs incite à entreprendre l'ascension du donjon.

La petite ville ne s'endort pas sur son passé, bien qu'elle « sente sa province ». Les jours de foire sont animés, sur la place du Marché-aux-grains, où les splendides halles du XIIIᵉ siècle ont été restaurées. En face du château, de l'autre côté de la place, l'église Saint-Germain pointe ses deux tours inégales des XIVᵉ et XVᵉ siècles. Par un portail du XVᵉ siècle, on pénètre à l'intérieur du sanctuaire, où plusieurs siècles ont laissé leur empreinte. La nef, très élevée, reste, malgré les divers sièges subis par ce haut lieu féodal, un bel exemple d'élégance gothique. Une pierre tombale rappelle que Regnard, auteur dramatique célèbre pour son *Légataire universel*, fonctionnaire aux Eaux et Forêts, fut enterré à Dourdan en 1709. Une promenade dans les vieilles rues, aux noms souvent pittoresques, permet de découvrir d'autres titres de gloire de l'ancienne cité : l'hôtel-Dieu, du XVIIIᵉ siècle, et des hôtels particuliers de la même époque.

C. Bibollet-Top

26

Paris : 20 km

ÉCOUEN
Val-d'Oise

LES TRÉSORS DE LA RENAISSANCE SONT
RASSEMBLÉS DÉSORMAIS DANS CE CHÂTEAU
CONÇU PAR L'ARCHITECTE JEAN BULLANT.

Sur la butte dominant la plaine de France, le connétable Anne de Montmorency décida en 1538 de donner une nouvelle jeunesse au château familial. De la demeure féodale de ses ancêtres, il ne conserva que les douves flanquées d'échauguettes. Le style Renaissance s'épanouit dans la décoration — confiée en partie à Jean Goujon — de l'ensemble des bâtiments qui s'organisent autour d'une cour carrée selon le plan grandiose de Jean Bullant. D'une façade à l'autre, bien des détails diffèrent. Au sud, les pilastres ont la fantaisie de l'ordre corinthien ; au nord, ils obéissent à la rigueur de l'ordre dorique. Jean Bullant a manifesté à Écouen le goût pour l'Antiquité des architectes de la deuxième Renaissance. De même, au niveau des lucarnes, le décor est plus ou moins ouvragé selon la façade : les fenêtres à meneaux du portique nord sont d'une grande simplicité, bien différentes de la plupart des autres ouvertures surmontées d'un fronton aux lignes complexes.

Quant aux pavillons terminant les ailes, deux d'entre eux comportent des tourelles d'angle. Une belle pierre blonde réchauffe cet ensemble un peu solennel. Le jardin à la française, récemment rétabli,

prolonge la terrasse du côté ouest et se continue par la forêt, une forêt taillée et civilisée comme Le Nôtre et Hardouin-Mansart les souhaitaient. L'intérieur du château a été transformé en musée de la Renaissance en 1977, selon les directives d'André Malraux. L'édifice, occupé depuis l'Empire par la *Légion d'honneur*, pensionnat de jeunes filles créé par Mme Campan, a dû être complètement restauré. Il a retrouvé, en partie, son décor d'origine. Les objets d'art exposés viennent presque tous de l'extérieur, principalement du musée parisien de Cluny, désormais réservé au XVᵉ siècle. Les efforts du conservateur ont permis la restauration des douze cheminées ornées de peintures qui font la gloire des étages nobles. Ces fresques, qui rappellent celles de la galerie François Iᵉʳ, à Fontainebleau, se composent généralement d'un paysage italien encadré de deux personnages dans le style des stucs de Rosso et du Primatice. Les sujets traités sont empruntés à la Bible, mais l'ensemble illustre l'esthétique de l'époque, plus attachée à l'Antiquité qu'à l'Ancien Testament. Une cheminée, dans la grande salle du premier étage, toute en marbre de diverses couleurs, est ornée d'une Victoire inspirée du Rosso, assez caractéristique de la manière de cet artiste, qui aimait présenter ses personnages en plein mouvement. Deux autres cheminées ont été rapportées de Chalons-sur-Marne et, installées dans la galerie de Psyché, séduisent le visiteur par leurs merveilleuses sculptures : celle qui représente le Christ et la Samari-

LA TENTURE DE DAVID ET BETHSABÉE

Les dix tapisseries réunies à Écouen ont été tissées à Bruxelles d'après des cartons attribués à Jan Van Roome. Cette œuvre exceptionnelle, du tout début du XVIᵉ siècle, reste médiévale par son sujet biblique — les amours de David pour l'épouse d'Urie évoquées dans le second livre de Samuel — et par le foisonnement de personnages aux longs vêtements. Les effets de perspective et l'architecture des monuments sont déjà de la Renaissance. La perfection du tissage, le chatoiement des couleurs, où le rouge domine, les fils d'or et d'argent qui scintillent çà et là contribuent à l'enchantement de cette tenture étonnamment bien conservée.

Château d'Écouen : détail de la tapisserie David et Bethsabée, *chef-d'œuvre des ateliers de Bruxelles (XVIᵉ s.).*

Escalier provenant de la Cour des comptes, à Paris, et remonté à Écouen. Les initiales d'Henri IV et de Marie de Médicis datent cette sculpture sur bois, représentant la déesse de l'Abondance au-dessus d'un décor de fruits.

Le château d'Écouen ne laisse pas deviner la cour carrée qui fait sa gloire. C'est déjà un bâtiment Renaissance où le style Henri II, adopté par l'architecte Jean Bullant, se fait symétrique, presque classique. Deux pavillons flanquent un corps de logis central comme pour les autres façades. Les fenêtres à meneaux surmontées d'un fronton sont un héritage du Moyen Âge. Quel plus beau cadre pouvait-on choisir pour un musée de la Renaissance ?

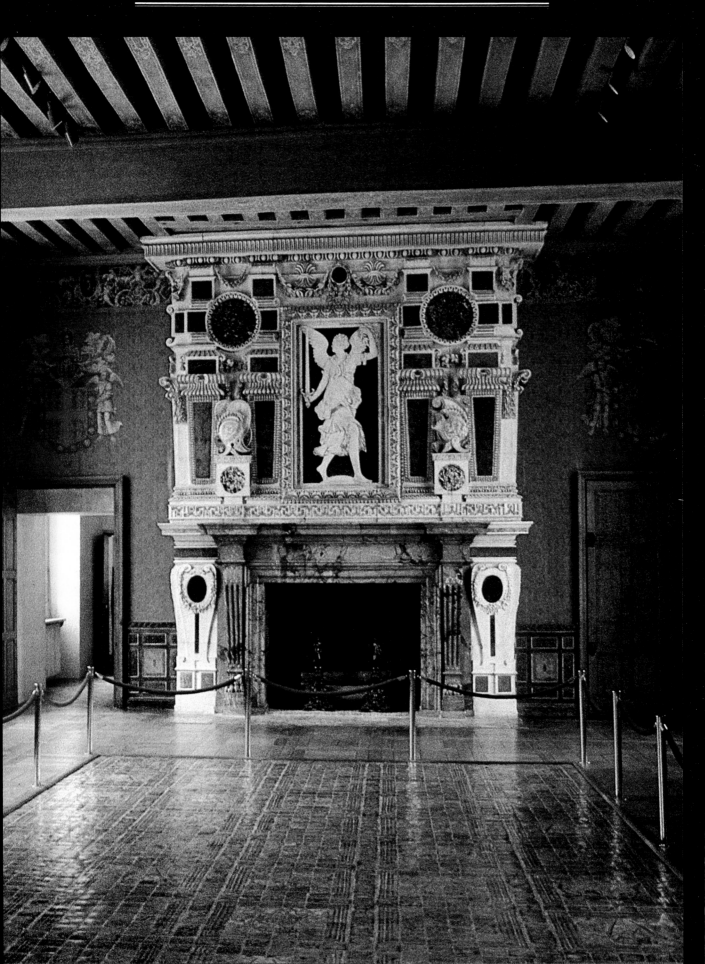

taine a autant de grâce que celle d'inspiration païenne représentant Actéon changé en cerf, devant Diane et ses naïades aux tendres formes rondes. D'autres décors ont résisté au temps ; les frises qui courent tout le long des vanteaux dans plusieurs pièces du premier étage méritent pour certains détails charmants d'être regardées attentivement. De même se détachent certains personnages de la célèbre tapisserie *David et Bethsabée*, qui occupe la galerie de Psyché et les deux pièces attenantes : dans le foisonnement de visages tous tournés vers le public selon une technique très médiévale, les deux héros, David et Bethsabée, semblent revivre leur passion. Et comment ne pas s'attarder dans ces pièces d'apparat devant les coffres, les armoires à deux corps, les cabinets aux sculptures si riches, afin de saisir la finesse d'un visage, d'un animal ou de tous les autres motifs décoratifs créés par les artistes de la Renaissance ?

Les collections du deuxième étage demandent une attention aussi soutenue. La salle consacrée à la céramique d'Iznick, avec ses immenses vitrines remplies de plats et d'assiettes où les tons bleus et verts dominent, offre un panorama complet sur cet art né dans l'Empire ottoman. Quant aux émaux, ils occupent une place privilégiée à côté de la céramique italienne et de la verrerie. Léonard Limousin et Pierre Courteys, pour ne citer qu'eux, ont excellé dans la réalisation de ces miniatures délicates. Le rez-de-chaussée du château est, lui, consacré aux chefs-d'œuvre d'orfèvrerie, de la sculpture sur bois et de la gravure. L'église justifie aussi une visite pour ses splendides vitraux du XVIᵉ s.

ÉTAMPES
Essonne

UNE VIEILLE CITÉ MÉDIÉVALE DONT LES ROIS DE FRANCE ONT FAIT VOLONTIERS PRÉSENT À LEURS MAÎTRESSES.

Du château féodal, aux nombreuses tours, à jamais sauvé de l'oubli par une miniature des *Très Riches Heures* du duc de Berry, il ne reste que la tour Guinette, la forteresse elle-même ayant été démantelée par Henri IV, à la demande de la population, lasse de trop de combats. Le donjon royal, du XIIᵉ siècle, au plan original en forme de quadrilobe, témoigne de plus de cinq siècles d'histoire où, entre deux guerres, les maîtresses des rois de France transforment la ville en capitale des lettres et des arts. Anne de Pisseleu, duchesse d'Étampes et maîtresse de François Iᵉʳ, a habité rue Sainte-Croix un hôtel aux deux tourelles Renaissance. Elle dut abandonner son duché à Diane de Poitiers, maîtresse d'Henri II, qui a laissé son souvenir dans une jolie maison à pilastres cannelés et frontons, tout près de celle de la belle Anne. Cette cité si chère aux rois de France suscite encore l'admiration, surtout lorsqu'on contemple, du haut de la tour Guinette, ses quatre églises médiévales, ses rivières — la Juine et la Chalouette — dont les bras se rejoignent près de la tour, ses vieux hôtels Renaissance. La première église qui attire les regards, Saint-Basile, conserve un portail roman un peu trop restauré sur la façade

MOULINS À VENT ET MOULINS À EAU

Les moulins à vent n'ont pas résisté à l'industrialisation propre au XIXᵉ siècle, et ceux que l'on peut encore admirer ne sont plus utilisés depuis longtemps. Ainsi, celui reconstitué à Viry-Châtillon ou celui de la base de loisirs d'Étampes deviennent des « pièces de musée », tout comme le Moulin de la Galette, sur la butte Montmartre. Les moulins installés au bord des nombreuses rivières de la province ont résisté quelque temps à la concurrence des installations électriques. À Maisse, dans le moulin Saint-Éloi, au val Saint-Germain dans le moulin de Granville, les propriétaires utilisent les anciens mécanismes pour des industries nécessitant peu d'énergie. Ces constructions du XIXᵉ siècle, situées dans le département de l'Essonne, n'ont pas la beauté de moulins plus anciens, comme celui de Jardy, sur l'Yerres, à Boussy-Saint-Antoine, transformé en restaurant. Parfois, le moulin accueille dans ses murs un musée : le moulin de Senlis, à Montgeron, sur un bras de l'Yerres, construit au XVᵉ siècle et rénové en néogothique, abrite un ensemble d'œuvres de peintres russes contemporains ; le moulin de Vauboyen, qui n'a plus de moulin que le nom, a la même vocation.

ne des plus belles cheminées d'Écouen, dans la salle d'honneur, au premier étage. Les marbres anciens de diverses couleurs composent [...] rin où la Victoire [...] ble prête à marcher au combat, les ailes déployées.

Lucange-Top.

C. Bibollet-Top

*M*algré les bombardements de 1940 et 1944, l'église Saint-Gilles, à Étampes, abrite encore bien des merveilles de l'art primitif, tels ces trois animaux qui ressemblent à des chiens menaçants, fidèles à l'esprit fantastique du Moyen Âge.

ouest, et un lourd clocher au-dessus du transept, également du XIIᵉ siècle. Le reste de l'église a été remanié au XVᵉ siècle de même que les chapelles latérales au XVIᵉ. C'est de cette époque que datent de beaux bas-reliefs situés dans la première chapelle, à droite, et un vitrail représentant saint Basile qui éclaire le chevet droit.

Notre-Dame-du-Fort domine la cité par sa superbe flèche octogonale en pierre cantonnée de quatre clochetons. Construite au XIᵉ siècle par Robert le Pieux, elle n'a gardé que sa crypte d'origine et sa façade ouest, édifiée au XIIIᵉ siècle, est déjà gothique. Le portail sud, daté de 1150, rappelle celui de Notre-Dame de Chartres par ses statues-colonnes, malheureusement en fort mauvais état. L'intérieur a été remanié au XVIᵉ siècle et abrite bien des œuvres d'art caractéristiques de la Renaissance, comme le vitrail représentant les douze Sibylles assises sur l'arbre de Jessé, dans le chœur. À côté de cette collégiale, l'église Saint-Gilles, qui a souffert des bombardements de 1944, s'ouvre par un portail roman d'une belle simplicité, qui donne accès à une nef du XIIIᵉ siècle terminée par un chœur reconstruit aux XVᵉ et XVIᵉ siècles. Une fresque datée de 1506 et sur laquelle hermines et lys royaux entourent des personnages d'une grande finesse constitue une des principales richesses de l'église. Parfois méconnue des touristes, parce que située loin du centre d'Étampes, Saint-Martin possède une tour penchée du XVIᵉ siècle qui pourrait être aussi célèbre que celle de Pise. À l'intérieur, le chœur ne manque pas d'intérêt avec son déambulatoire à trois chapelles rayonnantes. Avec quatre églises aussi anciennes et aussi originales, avec son hôtel de ville de style flamboyant transformé en musée renfermant d'intéressants vestiges préhistoriques et gallo-romains ainsi qu'une superbe grille du XIIᵉ s. provenant de l'abbaye de Morigny toute proche, Étampes tient une place privilégiée parmi les cités d'Île-de-France au passé prestigieux. Ce passé redevient vivant en certaines occasions, notamment lors du festival de musique ancienne ou, chaque été, lors de la journée d'animation qui fait défiler une partie de la population en habits d'autrefois dans les vieilles ruelles de cette cité.

Cette belle fresque de la fin du XVIᵉ siècle décore la voûte de la nef de l'église Saint-Gilles. La croix de Malte, répétée à l'infini, figure une sorte de voie lactée encadrant les représentations de saint Michel et de Saint Louis.
C. Bibollet-Top.

LA FERTÉ-ALAIS
Essonne

Paris : 50 km
Étampes : 16 km

CETTE FORTERESSE PORTE LE NOM DE L'ÉPOUSE DE GUY TROUSSEAU, SEIGNEUR DE MONTLHÉRY : ADÉLAÏDE, DEVENUE ALAIS PAR DÉFORMATION.

Cette vieille ville qui commandait la vallée de l'Essonne par son château fort — ou *ferté* — n'a gardé ni ses remparts, remplacés par des boulevards, ni son donjon. L'église Notre-Dame témoigne, cependant, avec sa splendeur gothique, du temps où elle appartenait à un prieuré bénédictin. De sa construction, au XIᵉ siècle, il ne reste que trois fenêtres de l'abside et certains murs de calcaire grossier, très différents du reste de l'édifice, en belles pierres de taille. Le clocher, terminé par une mince flèche de pierre, octogonale et cantonnée de clochetons, bien que restauré au XVIIᵉ siècle, a tout le charme du style primitif. La nef à trois travées manifeste l'extrême simplicité du gothique encore à ses débuts. Dans la chapelle de la Vierge, près du chœur, le vitrail et la statue viennent peut-être de la cathédrale de Reims, à en juger par la qualité de leur exécution. Les stalles et la chaire, le buffet d'orgue, tout contribue à l'exceptionnel intérêt de cette église.

C. Bibollet-Top

À l'intérieur de l'église gothique de La Ferté-Alais, ce buffet d'orgue du XVIIᵉ siècle, avec ses personnages de femmes drapées à l'antique, est un exemple unique. Très peu d'orgues sont ainsi décorés dans un style inspiré des Anciens, à la mode depuis la Renaissance.

Paris : 52,5 km
Melun : 14 km

FLEURY-EN-BIÈRE
Seine-et-Marne

UNE DEMEURE RENAISSANCE D'UNE
GRANDE PURETÉ DE LIGNES, DÉJÀ
CLASSIQUE ET SANS AUCUN DÉCOR
SUPERFLU.

À 4 km de la forêt de Fontainebleau, petit village d'une région agricole encore traditionnelle, Fleury-en-Bière n'oublie pas qu'Henri IV, puis Richelieu ont séjourné en son château. Élevé comme celui de Courances pour Cosme Clausse, sous le règne d'Henri II, ce bel édifice de brique et de pierre, construit par Pierre Lescot, est cerné par des douves. Par le portail d'entrée, surmonté d'un bas-relief représentant saint Georges, on aperçoit le corps de logis principal ; des remaniements effectués au XVIIIe siècle par la fille du prince de Talmont n'ont pas nui à la sobriété de l'ensemble, dont l'aile droite, en retour d'équerre, est terminée par un pavillon carré dit *tour de Richelieu*. L'intérieur du château abrite un riche mobilier et des tableaux d'époque classique. Derrière le bâtiment de gauche, la ferme, flanquée de tours, et son harmonieux décor de brique semblent aussi seigneuriaux que le noble logis où tant d'illustres personnages ont habité. Quant à l'église, du XIIe siècle, accolée au château, elle possède de curieux chapiteaux à entrelacs.

LES CHÂTEAUX LOUIS XIII

Déjà classiques par leur caractère symétrique, les châteaux de style Louis XIII se différencient toutefois des constructions fastueuses chères au Roi-Soleil. De la Renaissance, ils conservent les hauts toits à pente raide, aux souches de cheminée souvent importantes. Aux angles des bâtiments et autour des fenêtres, des chaînes de pierre contrastent avec les panneaux de brique. Le bleu de l'ardoise s'associe aux tons chauds des murs en une douce harmonie, rendue plus discrète encore par la lumière estompée de l'Île-de-France. Peu d'ornements égaient les façades, contrairement au style Renaissance si prolixe en colonnes, pilastres, statues... Ainsi, Fleury-en-Bière, présenté souvent comme un chef-d'œuvre de la Renaissance, se signale par une sobre rigueur bien classique, aussi classique que celle de son contemporain et voisin Courances, et même que Chamarande, œuvre postérieure de François Mansart. Vues de la grille, offertes aux regards curieux grâce à la perspective d'un jardin à la française, ces propriétés se ressemblent comme des sœurs. Contrairement au style du début de la Renaissance, les bâtiments encadrent rarement une cour carrée ou rectangulaire. Rosny, construit pour Sully, ministre d'Henri IV, donne un bel exemple de ces châteaux de la première moitié du XVIIe siècle ; des pavillons plats flanquent un corps central d'une grande sobriété. Quant au château de Neuville, à Gambais, près d'Houdan, par sa cour en arc de cercle où deux ailes incurvées s'articulent autour d'un petit pavillon central, il a encore toute l'originalité des édifices Renaissance. Avec leurs vastes cheminées, leurs plafonds à poutrelles peintes (rarement à caissons), leurs tapisseries, ces logis correspondent à une époque charnière, entre la Renaissance déclinante et l'aube du style Louis XIV.

C. Biboller-Top

Le portail du château de Fleury-en-Bière, surmonté d'une statue de saint Georges, permet d'apercevoir une des plus belles demeures de la fin du XVIe siècle, chef-d'œuvre de rigueur et d'harmonie.

PAGES SUIVANTES
À un château marqué par la personnalité de tant de rois, Le Nôtre a donné des jardins à la française, imposant un plan aux fantaisies de la Renaissance. Fontainebleau y gagne une certaine unité.
R. Mazin-Top.

PAGES 48 ET 49
Napoléon Ier a transformé en salle du trône la chambre du roi, à Fontainebleau. Dans ce décor de l'Ancien Régime, des XVIIe et XVIIIe siècles, seul le mobilier est Empire.
R. Mazin-Top.

GLOIRE « À FRESCO »

Les guerres et la défaite : fatalités de la Couronne. La pérennité de la monarchie, fonction glorieuse et sacrée... Au premier étage du château de Fontainebleau, les douze fresques de la galerie François-Ier, qui se succèdent sur cette double allégorie en de grandes scènes aujourd'hui pour la plupart énigmatiques — car le plan thématique en a été perdu —, devaient sans nul doute répondre parfaitement à l'attente du souverain, lorsqu'il décida, au retour de sa captivité de Pavie, de transformer en palais de la douceur de vivre sa résidence bellifontaine encore médiévale. Il aurait plu à François Ier que Michel-Ange lui-même vînt orner sa demeure, mais l'artiste italien redouta de s'expatrier.

Giovanni Battista di Iacopo de Rossi n'était pas un inconnu lorsque, reçu par l'Arétin à Venise, celui-ci le recommanda au roi de France pour entreprendre le chantier de Fontainebleau. Né à Florence en 1494, très cultivé et musicien, ayant à son actif nombre d'œuvres de grande renommée, où la métaphore se mariait au lyrisme, Jean-Baptiste, dit il Rosso Fiorentino, le Rosso, plut au roi qui fit de lui son premier peintre et lui accorda privilèges et libertés. Les décors du Rosso à Fontainebleau ont pratiquement tous disparu. Seule subsiste la galerie François-Ier, terminée vers 1540 après six ans de travaux, malmenée et altérée au cours des siècles, puis restaurée sous Louis-Philippe et restituée dans son aspect primitif à partir de 1960. L'ensemble, unique en son genre, comporte dans la partie basse des lambris en bois dus à un menuisier italien et dans la partie haute les fresques dédiées à François Ier. Elles prennent place dans un fantastique encadrement de stuc d'une richesse et d'une variété extrêmes de motifs, où les ornements — masques, guirlandes, putti, cou-

ronnes, cartouches enroulés, etc. — jouent un rôle privilégié, soulignent, accompagnent ou complètent le sujet
des fresques centrales. La mythologie antique et l'histoire
contemporaine ont inspiré au Rosso une iconographie
savante, où le combat des Centaures et des Lapithes et
la jeunesse d'Achille, la dispute de Neptune et de Minerve
et la fuite des Jumeaux de Catane évoquent, pour un esprit
cultivé, les vertus royales confrontées aux vicissitudes où
elles trouvent à s'exercer. Les scènes violentes ou tragiques — dont, CI-DESSOUS, À DROITE, la Mort d'Adonis
pleuré par les Nymphes — s'expliquent sans doute par
les malheurs récents du roi, tandis que le caractère solennel de la fonction royale est notamment illustré par la
fresque de l'Union des corps de l'État autour de François Ier
(CI-DESSOUS).

Quant à la scène insolite de l'éléphant (CI-CONTRE, AU-
DESSUS DU TITRE), dont le caparaçon est marqué du chiffre
royal, elle symboliserait la pérennité de la monarchie,
monumentale, indestructible et défiant l'adversité, sous
l'emblème de la salamandre.

Le Rosso fut bientôt rejoint et secondé par un autre artiste
italien venu de Bologne, le Primatice, stucateur à la facture
élégante, dont le style fluide et aimable équilibre le manié-
risme plus dynamique et déhanché de son aîné, comme
le montrent ses caryatides au corps étiré couronnées
d'amours d'un charme aimable et sensuel, dans l'escalier
du Roi, sur le thème de l'histoire d'Alexandre (CI-DESSOUS,
À GAUCHE). Metteurs en scène inspirés et décorateurs hors
du commun, ces artistes italiens inaugurèrent en France
grâce à François Ier un répertoire de formes totalement
inédit qui exerça une influence capitale à travers toute
l'Europe.

Paris : 65 km
Melun : 16 km

FONTAINEBLEAU
Seine-et-Marne

LES QUINZE NOUVELLES SALLES DU MUSÉE
NAPOLÉON PRÉSENTENT DES COLLECTIONS
D'OBJETS D'ART, DE PEINTURES, ET DE
SCULPTURES DE L'EMPIRE.

Pour les rois de France, dès les premiers Capétiens, la région de Fontainebleau, appelée encore Forêt de Bière, avait l'attrait d'une réserve de chasse. Aussi bâtirent-ils un château féodal pour pouvoir séjourner à loisir à proximité d'une région aussi giboyeuse. De ce premier château, François Ier ne laissa que les fondations pour y élever la cour Ovale. C'est lui qui transforma la demeure médiévale en palais, confiant à Gilles Le Breton les travaux : la cour Ovale fut réunie par une galerie à la basse cour — la cour du Cheval-Blanc, ou « des Adieux » — et la décoration intérieure s'inspira des demeures italiennes que le roi avait pu admirer lors des guerres au-delà des Alpes. L'école de Fontainebleau marqua le triomphe de deux artistes venus en France à la demande du roi : le Primatice et le Rosso. Henri II continua l'œuvre de son père, tout en laissant sa maîtresse Diane de Poitiers imposer Philibert Delorme comme architecte. Dans la salle de bal, les monogrammes formés du H royal et du C de la reine Catherine de Médicis sont disposés de telle façon que l'on peut lire également un double D, chiffre de la belle Diane. À la mort du roi, blessé au cours d'un tournoi, la régente Catherine rappela le Primatice, Italien comme elle, qui présida à la décoration de la salle de bal. Henri IV fit reprendre les constructions, en dotant le palais de la cour des Princes, du jeu de paume et de la cour des Offices. Il donna un nouveau style aux aménagements intérieurs : une deuxième école de Fontainebleau

apparut alors, d'inspiration plus flamande qu'italienne. Après lui, les rois continuèrent à venir chasser à Fontainebleau, et Louis XIII transforma la cour du Cheval-Blanc en faisant construire le fameux escalier « du fer à cheval ». Louis XV remplaça la galerie François-Ier dite « d'Ulysse » par une aile due à l'architecte Gabriel.

Cette succession de travaux d'un règne à l'autre explique le plan très compliqué de ce palais, un vrai labyrinthe, où le visiteur non initié se perd. Il faut donc du temps pour saisir le charme de Fontainebleau, « la maison des siècles », comme disait Napoléon, fort heureux dans ce cadre où l'Ancien Régime lui pesait moins qu'à Versailles : la diversité même des styles lui a laissé la possibilité de marquer de son sceau plusieurs des appartements, en particulier la salle du Trône, ancienne chambre à coucher des rois.

De la visite, organisée selon un circuit très complet, il ne faudrait conserver que quelques moments privilégiés, choisis par chacun selon ses goûts personnels. Si l'on entre par la place du Général-de-Gaulle et la grille marquée de

Sur la porte Dorée, entre la cour Ovale et la cour à la Fontaine, deux anges encadrent l'emblème de François Ier, une salamandre. L'architecte Le Breton a créé cet ensemble d'une richesse toute royale.

Avant d'évoquer le départ de Napoléon Ier pour l'île d'Elbe, la cour du Cheval-Blanc à Fontainebleau (actuelle cour des Adieux) a subi bien des transformations. L'escalier en fer à cheval a été ajouté sous Louis XIII au corps central, qui date de la Renaissance, comme l'aile de gauche, dite « de François Ier ».

Combien de souveraines o[nt] couché dans cette chamb[re] du château [de] Fontainebleau, qui évoq[ue] Anne d'Autriche par so[n] somptueux plafond, Mari[e-] Antoinette par son [lit] d'apparat, l'impératr[ice] Joséphine par le res[te] du mobilie[r].

R. Mazin-T[op]

l'aigle impérial, l'escalier en fer à cheval édifié sous Louis XIII par Jean Du Cerceau offre au regard son bel enroulement de serpent de pierre. Cet escalier donne tout son caractère à la façade aux cinq pavillons construits par François Iᵉʳ et Louis XV. Comment ne pas évoquer, en ces lieux chargés d'histoire, les adieux de Napoléon à ses grognards, avant son départ pour l'île d'Elbe ? Quand on aborde le palais par le jardin de Diane, l'impression est toute différente : dans ce parc à l'anglaise, des paons évoluent gracieusement et la statue de la déesse entourée de quatre chiens rappelle la passion du XVIᵉ et du XVIIᵉ siècle pour la chasse. Sous la Renaissance, il n'existe pas de plus beau prénom que celui de Diane, porté par la maîtresse d'Henri II, et le cerf, animal familier de la chasseresse, pointe ses nobles bois dans bien des palais élevés à cette époque. La symbolique animale est un élément important au XVIᵉ siècle et François Iᵉʳ a fait décorer d'une salamandre (son emblème) la porte dorée menant de la cour Ovale à la cour de la Fontaine. Cette entrée permet d'admirer la partie la plus ancienne du château, où seule une tour du XIIᵉ siècle rappelle la demeure primitive des Capétiens. La porte du Baptistère percée en face de la cour des Offices a été créée à cet endroit par Henri IV pour servir d'entrée d'honneur à ses nouvelles constructions. Le nom évoque le baptême de Louis XIII, né en 1601 à Fontainebleau. Quant aux bâtiments servant aux fonctions moins nobles du palais, leur sobriété générale est compensée par la splendeur des têtes d'Hermès qui en gardent l'entrée.

Les appartements du château retracent l'évolution des styles pendant quatre siècles. La galerie François-Iᵉʳ, avec ses fresques entourées de statues en stuc, et la salle de bal, tout aussi richement décorée, traduisent le triomphe du goût italien adapté à la française par le Rosso et le Primatice. Certains détails, que l'on aimerait pouvoir isoler d'un ensemble souvent très chargé, séduisent par leur élégance, telles ces guirlandes assez proches des compositions de fruits et de légumes chères à Andrea Della Robbia, puis à Arcimboldo. L'escalier du Roi est décoré avec autant de somptuosité, mais la galerie dès Cerfs, qui doit son nom aux

R. Mazin-Top

trophées des chasses à courre, a déjà une simplicité annonçant le style Louis XIII. Henri IV l'a fait orner de tableaux représentant les résidences royales à cette époque. Les amateurs d'histoire y retrouvent l'évocation de l'assassinat par la reine Christine de Suède de son favori Monaldeschi. D'autres appartements ont un grand intérêt artistique : dans les petits appartements de Joséphine et de Marie-Louise, le salon jaune a conservé ses lambris Louis XV, et le boudoir de Marie-Antoinette est d'un raffinement élégant. D'autres enfin ont un caractère plus officiel, comme ceux que Napoléon a marqués de sa présence, tels la salle du Trône et le salon rouge, dit « de l'Abdication ». Le palais contient aussi un charmant petit théâtre construit par Napoléon III et le musée chinois de l'impératrice Eugénie. Dans les jardins, Le Nôtre a su intégrer l'œuvre des générations précédentes en un ensemble harmonieux qui mène le promeneur du célèbre étang des Carpes, devant la cour de la Fontaine, au long canal qui traverse le parc jusqu'à Avon, en passant par les parterres du Tibre et en continuant par la superbe allée d'ormes parallèle au canal.

Le promeneur épris de fantaisie peut laisser les parterres à la française pour revenir sur ses pas et regagner le jardin anglais, dit « jardin des Pins », proche de la cour de la Fontaine. Planté de beaux arbres, celui-ci procure le plaisir de la découverte. Ainsi, près de l'aile Louis XV, la grotte due à François Iᵉʳ est décorée de statues d'Atlas en grès brut d'une grande puissance dans leur originale simplicité.

La ville aux portes du château, du côté de la cour des Adieux, doit son existence au palais des rois ; pourtant, elle n'était qu'un hameau que les amateurs de randonnée et de varappe ont peu à peu transformé en petite capitale du sport. À l'exception de quelques beaux hôtels anciens — rue Royale et boulevard Magenta —, elle n'a que l'agrément d'une ancienne villégiature. Avon, en revanche, séparée de Fontainebleau par le parc, possède une église intéressante, avec son porche du XVIIIᵉ siècle en avancée de charpente sur colonettes de pierre. Jusqu'à la construction de l'église Saint-Louis, elle était l'église paroissiale de Fontainebleau ; aussi abrite-t-elle certains souvenirs de la famille royale.

La statue de Diane qui orne le jardin du même nom date du XVIIᵉ siècle. Exécutée pour Marly par Keller, elle a été transportée à Fontainebleau par Napoléon. Représentée selon la tradition avec un cerf, la déesse de la Chasse est gardée par quatre chiens, dont les attributs sexuels servent de jets d'eau.

Paris : 45 km

GAILLON-SUR-MONTCIENT
Yvelines

UN CHÂTEAU EN PARTIE RENAISSANCE ET
UNE PURE ÉGLISE ROMANE.

Ce village du Vexin a gardé le caractère rural d'une région où s'étendent les prairies, séparées par de petites vallées, des rideaux d'arbres, des buttes. La simplicité de son église romane annonce — non loin de Meulan et de la vallée de la Seine — toute une famille de modestes paroisses fières de leur clocher, octogonal ou carré, terminé par une flèche de pierre. On attribue à la comtesse de Meulan ces constructions romanes des XIe et XIIe siècles, dont les noms évoquent, comme une litanie, le vœu que celle-ci avait fait de faire bâtir une église dans les dix-sept localités de son domaine. La plupart subsistent : Saint-Gervais, Tessan-court, Ennery, Reilly, Courcelles, Santeuil, Bouconvilliers, Lierville, Gadancourt et probablement aussi Vernouillet, au superbe clocher cantonné de clochetons, plus élaboré que Gaillon. La pieuse comtesse marquait ainsi sa reconnaissance pour le retour de son époux, revenu sain et sauf des croisades. Du département des Yvelines à celui du Val-d'Oise, à travers le Vexin, sa mémoire est ainsi perpétuée par cette floraison de clochers. Certaines de ces églises, comme celle d'Ennery, enrichie de plusieurs œuvres d'art au XVIe siècle, ont été remaniées au cours des siècles. Gaillon, en revanche, a gardé sa simplicité primitive. À l'intérieur, la belle nef du XIIe siècle et les chapelles abritent quelques œuvres d'art : des fonts baptismaux du XIIe siècle et des statues comme la célèbre Vierge trinitaire du XIVe siècle.

À droite du chœur, à Gaillon, dans la chapelle Saint-Roch, deux saints particulièrement vénérés au Moyen Âge : sainte Barbe, représentée une plume à la main, une tour derrière elle, et saint Roch avec son chien qui semble lui mordre son manteau. On invoquait la première pour se protéger des incendies et le second pour guérir des maladies infectieuses.

À GAUCHE. *L'église romane de Gaillon pointe sa flèche de pierre cantonnée de quatre clochetons ; une des plus authentiques églises rurales du Vexin.*
À DROITE. *L'intérieur de l'église de Gaillon a conservé son caractère primitif, sa simplicité, avec ses fonts baptismaux du XIIe siècle au pur décor de fleurs stylisées et de dessins géométriques, avec ses voûtes où le plein cintre roman s'étire en timides ogives.*

Paris : 30 km
Lagny : 2,5 km

GUERMANTES
Seine-et-Marne

CELLE QUE L'ON APPELLE LA « BELLE
INUTILE » EST SIMPLEMENT LA LONGUE
GALERIE DU CHÂTEAU, CHEF-D'ŒUVRE DE
ROBERT DE COTTE.

Ce bel édifice bâti au début du règne
de Louis XIV sur un plan en double
équerre n'a pas attendu Marcel Proust pour
attirer de nombreux visiteurs. À l'intérieur, au
premier étage, de nombreux portraits (dont
ceux de Louis XV et de Marie Leszczyńska par
Van Loo) et un beau mobilier attestent la notoriété des deux premières familles qui en ont
été propriétaires : les Viole et les Prondre. Des
plafonds peints d'époque créent un cadre
digne de tant d'œuvres d'art, surtout dans la
longue galerie conçue par l'architecte Robert
de Cotte et qui fut baptisée au XVIIIᵉ siècle
la « Belle Inutile ». Dans l'antichambre, un
meuble-vitrine hollandais évoque le souvenir
de Marcel Proust, qui a donné le nom de Guermantes à l'une des héroïnes les plus fascinantes.

*Une chambre
du château de
Guermantes a
gardé des pla-
fonds peints,
qui font la
gloire du style
Louis XIII, et
un mobilier
d'époque. On
retrouve ainsi
le souvenir des
Viole, puis-
sante famille
de parlemen-
taires et muni-
ficents bâtis-
seurs.*

R. Mazin-Top

HOUDAN
Yvelines

Paris : 62 km
Dreux : 21 km

L'ÉGLISE DE CETTE VILLE FUT TRANSFORMÉE
EN « TEMPLE DE LA RAISON » PAR LES
RÉVOLUTIONNAIRES.

Cette petite ville fortifiée bâtie sur
une hauteur entre la Vesgre et l'Op-
ton domine encore une grande région d'élevage. Déjà, au XIIᵉ siècle, du temps d'Amaury
de Montfort, sa foire Saint-Mathieu attirait
en septembre toute la contrée. Si ces traditions
lui valent une grande renommée dans le
Drouais et jusqu'en Normandie, son passé
militaire n'a plus qu'une valeur historique. En
effet, le donjon du XIIᵉ siècle, tour massive
flanquée de quatre tourelles, est actuellement
utilisé comme château d'eau et le lierre

R. Mazin-Top

*PAGE DE GAUCHE. Le château de Guermantes a conservé les décors créés au temps de la famille Viole.
Les boiseries sont décorées de peintures en trompe-l'œil et de délicats entrelacs
qui se reflètent dans cette glace Louis XV.
CI-DESSUS. À Guermantes, les plafonds de cette chambre
à l'italienne, où des anges en stuc expriment le goût de l'époque, datent de 1645.*

EN HAUT. **C**ette gargouille de l'église Saint-Jacques, à Houdan, de pur style gothique, évoque un art primitif dans un ensemble plus tardif et très flamboyant. À GAUCHE : *La belle façade de l'église Saint-Jacques porte une inscription inattendue sur un bâtiment essentiellement des XVᵉ et XVIᵉ siècles : « Le peuple français reconnaît l'existence de l'Être suprême et l'immortalité de l'âme. »* À DROITE : *Fresque de 1582 évoquant le pèlerinage d'une trentaine d'Houdanais à Notre-Dame-de-Montserrat, en Catalogne.*

recouvre en partie cet édifice découronné. Au contraire, l'église, des XVe et XVIe siècles, a conservé toute sa splendeur, à l'extérieur comme à l'intérieur. De vieilles rues y montent, rue Chapelier, rue de Paris, rue du Docteur-Genret, avec d'anciennes auberges contemporaines de l'église, parfois à colombages. Ces pans de bois, ces décors pleins de fantaisie (une des maisons a ses murs marqués de fleurs de lys) évoquent la Normandie toute proche. La façade flamboyante de l'église Saint-Jacques, avec son porche très orné, surmonté d'une rose, reste gothique ; le chevet est déjà Renaissance : des colonnes doriques couronnées de pinacles classiques composent le décor extérieur des chapelles rayonnant autour du déambulatoire. Les clefs de voûte pendantes rivalisent en magnificence avec de nombreuses œuvres d'art dans le chœur et les chapelles adjacentes. Dans la chapelle Sainte-Thérèse-de-l'Enfant-Jésus, une peinture murale de 1582 commémore le pèlerinage d'une trentaine d'Houdanais à Notre-Dame de Montserrat, en Catalogne. Les pèlerins, désignés chacun par son nom, sont représentés, ainsi que la Vierge, dans un style naïf avec de nombreux détails pittoresques. À quelques kilomètres de Houdan, l'église de Richebourg surprend par son curieux clocher flanqué de petites flèches.

Déjà, au XVIIIe siècle, le château de Cassan, aujourd'hui détruit, attirait d'illustres visiteurs, tel le peintre Fragonard, auquel on attribue les plans d'une « folie », pavillon chinois encore visible dans le parc, à moins de 2 km de L'Isle-Adam. Cependant, la plus grande gloire de la ville ancienne reste l'église Saint-Martin, où le style Renaissance s'allie fort bien aux éléments gothiques. Comment ne pas admirer le portail, dont les voussures ornées de statuettes — les Vices et les Vertus — suggèrent la main d'un maître, qui pourrait être Jean Bullant, architecte d'Écouen ? À l'intérieur, les voûtes d'ogives de la nef, toutes simples, contrastent avec celles du chœur, de style flamboyant et terminées par de superbes clefs sculptées. Des vitraux intéressants, des stalles ornées de scènes burlesques et d'autres œuvres d'art — comme un médaillon, fragment du tombeau du prince de Bourbon-Conti — contribuent à la richesse harmonieuse de ce sanctuaire. Dans une chapelle latérale, un retable en bois doré du XVIe s. donne une représentation animée de la Passion avec nombre de petits personnages. Au sortir de la ville, on découvre aux confins de la forêt de L'Isle-Adam des sites pittoresques, comme les ruines de l'abbaye de Val, et les églises de Jouy-le-Comte et de Nesles-la-Vallée, de l'autre côté de l'Oise.

Paris : 37,5 km
Pontoise : 13 km

L'ISLE-ADAM
Val-d'Oise

LES PEINTRES ET LES ÉCRIVAINS ONT TRANSFORMÉ CETTE PETITE VILLE DÉJÀ RICHE D'UNE ÉGLISE RENAISSANCE EN VILLÉGIATURE ARTISTIQUE.

Balzac, aux premières pages d'*Un début dans la vie*, rend hommage « à la petite ville de L'Isle-Adam, doublement célèbre et comme berceau de la maison éteinte de L'Isle-Adam et comme ancienne résidence des Bourbon-Conti ». Et il ajoute : « L'Isle-Adam est une charmante petite ville appuyée de deux gros villages, celui de Nogent et celui de Parmain... » De la forteresse bâtie par les seigneurs de Villiers et reconstruite par les Conti au XVIIIe siècle, il ne reste qu'une balustrade bordant une terrasse sur l'Isle nommée Adam, du prénom de son premier fondateur. Des îles verdoyantes sur l'Oise, où passent des péniches, une écluse, un vieux pont (celui du Cabouillet) évoquent les peintres impressionnistes et tant d'artistes qui ont apprécié une villégiature devenue, grâce à eux, célèbre.

R. César-Top

L'intérieur du pavillon chinois à L'Isle-Adam ne manque ni d'originalité ni de séduction par la pureté de sa forme ovale. À l'extérieur, cette folie du XVIIIe siècle — dont les plans seraient de Fragonard — s'affirme plus exotique avec ses toits en forme de pagode. Le fils du receveur général des Finances Bergeret avait ainsi réalisé, dans le parc de son château de Cassan, aujourd'hui détruit, une fantaisie architecturale à la mode.

Paris : 34,5 km
Lagny-sur-Marne : 6 km

JOSSIGNY
Seine-et-Marne

UN CHÂTEAU CLASSIQUE ET PRESQUE
AUSTÈRE PAR SA FAÇADE, MAIS ROCOCO
CÔTÉ JARDIN !

Ce village de la Brie, dont l'église, en partie du XIIIᵉ siècle, ne manque pas d'intérêt, s'enorgueillit de son château Louis XV. De style très classique du côté de la cour, avec son corps central surmonté d'un fronton triangulaire et ses deux pavillons en saillie, il est tout élégance et sobriété. De la belle grille en fer forgé, on ne voit pas la chapelle et les cuisines, aux toits à la Mansart, et l'ensemble donne une fausse impression de modestie dans les proportions. Pourtant du côté du jardin, Jossigny se fait baroque : avant-corps en rotonde à comble pyramidal, fenêtres décorées de griffes au rez-de-chaussée, balcons à consoles au premier étage, tout obéit à l'exagération décorative du style rocaille. Quant aux toits, par leur profil incurvé, ils évoquent les pagodes chinoises alors à la mode. Cette demeure, donnée à l'Etat en 1949, renferme un beau mobilier du XVIIIᵉ siècle et d'intéressantes peintures.

LE STYLE ROCAILLE

Ce style, en vogue en France de 1710 à 1750, marque une réaction à l'égard du classicisme jugé trop symétrique. Dès la mort de Louis XIV, le Régent met à la mode le mobilier aux lignes contournées, à l'architecture asymétrique, aux décors inspirés par les volutes des coquillages. Quant aux jardins, ils redeviennent secrets, fantaisistes, s'ornent de grottes artificielles ou rocailles comme pendant la Renaissance. Un peu partout en Île-de-France, les châteaux se parent de coquilles au-dessus des fenêtres et, à l'intérieur, leur ameublement se fait exubérant : boiseries aux formes sinueuses, décors d'inspiration chinoise. À Paris, même les hôtels d'extérieur classique compensent cette sobriété par des salons rocaille. Ainsi, l'intérieur de l'hôtel de Soubise, rue des Francs-Bourgeois, décoré par G. Boffrand de 1732 à 1740, manifeste le goût d'une époque où la femme règne sur l'art. Et un peintre comme Boucher, accusé de mièvrerie par ses détracteurs, recherche dans ses tableaux la grâce féminine, par des coloris pastels, des attitudes harmonieuses plutôt que puissantes.

EN HAUT À GAUCHE. *Le château de Jossigny, très classique par sa façade, déploie, côté jardin, toutes les subtilités d'un décor rocaille. Cette griffe au-dessus d'une fenêtre est très caractéristique d'un style Louis XV en réaction contre la sobriété du style Louis XIV.*
CI-DESSUS. *Jossigny a le privilège, très rare pour un château Louis XV français, de posséder des toits aussi pointus que ceux d'une pagode et aux bords aussi relevés.*

27

Paris : 63 km

JOUARRE
Seine-et-Marne

LA CRYPTE MÉROVINGIENNE DE SON ÉGLISE CONTIENT LE TOMBEAU DE L'ANCIEN ÉVÊQUE DE PARIS, ANGILBERT.

Depuis le VII° siècle, le nom de cette localité est lié au rayonnement de son abbaye bénédictine. Des deux monastères fondés vers 650, ne subsiste que celui des femmes, dans des bâtiments remaniés en grande partie au XVII° siècle. Seule une tour carrée indique l'emplacement de l'ancienne église. Elle comporte, sur trois étages, de très belles salles médiévales. Dans ce cadre, les œuvres d'art religieux et les documents retraçant l'histoire de l'abbaye à travers les siècles sont bien mis en valeur. Le musée possède aussi une bonne collection de pièces archéologiques. L'église paroissiale, dont l'extérieur, du XV° siècle, n'a rien de remarquable, peut rivaliser avec le musée de l'abbaye par ses reliquaires et ses statues, comme celle de Notre-Dame-de-Jouarre, du XVI° siècle. C'est, cependant, par sa crypte mérovingienne, située derrière l'église, que Jouarre a suscité tant d'admiration chez les critiques et les historiens de l'art. En fait, une première chapelle destinée à abriter les tombeaux de plusieurs abbés et abbesses a été prolongée à la fin du VII° siècle par une autre chapelle destinée au tombeau de saint Ébrégésile, évêque de Meaux. Les fondateurs de l'abbaye reposent dans toute la majestueuse simplicité de ce style préroman : saint Angilbert, dans un sarcophage orné d'une étonnante représentation du Jugement dernier, sainte Telchide — ou Théodéchilde —, dans un autre magnifique tombeau décoré de coquilles qui rappellent des feuilles de nénuphar, enfin sainte Ozanne, personnage légendaire qui pourrait être une princesse irlandaise, et qui a inspiré une statue de gisant du XIV° siècle d'une grande pureté de lignes, et d'une grande sérénité d'expression.

Ces tombeaux sont séparés par des colonnes en marbre de diverses couleurs, dont les chapiteaux sculptés, d'inspiration byzantine, rappellent l'influence orientale de cet art mérovingien aux symboles encore mystérieux, tels l'ancre et la couleuvre. Quant aux murs du sanctuaire, ils sont décorés de petits pilastres carrés et d'un savant entrecroisement de carrés, de losanges ou d'octogones. L'ensemble suscite un tel intérêt que, par comparaison, la deuxième chapelle dite de « saint Ébrégésile » paraît manquer d'unité. Elle possède pourtant trois très belles colonnes de porphyre vert à chapiteaux mérovingiens.

Dans la crypte Saint-Paul à Jouarre, le tombeau de l'ancien évêque de Paris, Angilbert, est décoré de hauts-reliefs qui suscitent l'admiration. Ce Christ du VII° siècle imberbe, aux longs cheveux, est entouré des symboles des quatre Évangélistes : l'ange, le lion, l'aigle et le taureau. Une influence orientale se manifeste dans la façon dont le Christ est traité.

R. Mazin-Top

PAGES SUIVANTES :
Crypte Saint-Paul à Jouarre : à droite, le tombeau de Telchide avec sa décoration de coquilles et, à gauche, celui d'Angilbert avec le Jugement dernier.

R. Mazin-Top

Cette Vierge polychrome du XIIe siècle, en bois, fait la gloire de l'église de Jouy-en-Josas. L'Enfant, soutenu par deux anges et tenant le monde dans une main, a valu à cette statue le nom de Diège (« Dei genitrix », mère de Dieu).

JOUY-EN-JOSAS
Yvelines

Paris : 14 km

L'AVENTURE INDUSTRIELLE QUI TRANSFORMA LA VIE DE CETTE COMMUNE AU XVIIIe SIÈCLE EST RETRACÉE AU MUSÉE OBERKAMPF.

Ce bourg, construit sur les deux rives de la Bièvre, eut son heure de gloire au XVIIIe siècle lorsque l'industriel Oberkampf y installa une manufacture de toiles peintes. De l'usine d'Oberkampf ne demeure que la maison d'habitation, transformée en mairie, mais l'on peut retrouver aussi son souvenir au château du Montcel, transformé en école. Aux Metz, un hameau situé sur les hauteurs, la petite maison louée par Victor Hugo pour Juliette Drouet en 1835 évoque encore les vers que la jeune femme inspira au poète :
« Il cherche le jardin, la maison isolée,
La grille dont l'œil plonge en une oblique allée,
Les vergers en talus... »

OBERKAMPF ET LES TOILES DE JOUY

Toile de Jouy, dite « indienne », au musée Oberkampf, à Jouy-en-Josas.

Christophe-Philippe Oberkampf (1738-1815), né en Bavière dans une famille de teinturiers, a d'abord été graveur à la manufacture de toiles de Mulhouse. Il quitte la Lorraine pour venir à Paris où il ne tarde pas à devenir coloriste à la manufacture de l'Arsenal. En 1759, il installe à Jouy, près de la Bièvre, la première fabrique en France de toiles de coton imprimées qui, jusque-là, étaient importées sous le nom d'« indiennes ». Oberkampf utilise des teintures de qualité pour des tissus bon marché, que l'on s'arrache vite, au point que les fabricants de soie s'inquiètent de cette concurrence, mais Louis XV puis Louis XVI soutiennent la manufacture, devenue Manufacture royale. Oberkampf, naturalisé en 1770, reçoit en 1787 des lettres de noblesse, avant d'être décoré par Napoléon de la Légion d'honneur : ne fait-il pas échec aux produits importés d'Angleterre à une époque où le Blocus incite à acheter français ? Après 1815, le retour au libre échange affaiblit les activités de son entreprise, mais les toiles de Jouy étaient définitivement adoptées et diffusées très largement. D'abord gravés sur bloc de bois à la main, les dessins, dus à Huet, Horace Vernet et Hippolyte Lebas, sont vite imprimés à la machine, sans que cela nuise à leur qualité. Décors champêtres, scènes de chasse et autres « bergeries » finement campées conviennent fort bien à un siècle épris de vie rustique. La reine Marie-Antoinette appréciait particulièrement ces motifs bucoliques mieux adaptés au Petit Trianon que les somptueuses tentures du palais de Versailles. Dans le musée de Jouy, et à Paris, au *musée des Arts décoratifs*, cette belle aventure industrielle revit grâce aux toiles anciennes qui y sont conservées ; l'une d'entre elles, dessinée par J.-B. Huet, représente l'usine.

Les amants s'arrêtèrent sans doute dans l'église du XIIIᵉ siècle remaniée au XVIᵉ siècle, à moins que seule celle de Bièvres, toute proche, n'ait inspiré ces vers :
« C'était une humble église au cintre surbaissé,
L'église où nous entrâmes,
Où depuis trois cents ans avaient déjà passé
Et pleuré bien des âmes... »
Cachée dans la modeste église de Jouy, une Vierge de bois polychrome, connue sous le nom de *Diège* (Dei genitrix), étonne par ses grandes dimensions. La vallée de la Bièvre continue à accueillir les artistes dans le *musée de la Photographie*, à Bièvres, ou dans le *moulin de Vauboyen*, centre culturel créé en 1959. Dans la chapelle de cet ancien moulin, décorée par de célèbres contemporains, tels que Dufy, Buffet..., se tiennent des expositions temporaires. Jean Cocteau y créa ses tapisseries.

LAGNY-SUR-MARNE
Seine-et-Marne

CETTE VILLE, SITUÉE SUR LA ROUTE DES FOIRES DE CHAMPAGNE, FUT UNE ANCIENNE PLACE FORTE MÉDIÉVALE.

Cette ville ancienne dominant la Marne évoque encore par son église le célèbre pèlerinage à Notre-Dame-des-Ardents. Au Moyen Âge, en effet, la Vierge guérissait la fièvre, appelée *mal des Ardents* ; elle aurait également, à la demande de Jeanne d'Arc, guéri un enfant resté sans connaissance

pendant trois jours. L'église abbatiale, du XIIIᵉ siècle, n'a jamais été terminée, mais le chœur et la chapelle Notre-Dame, notamment, ont de nobles proportions. L'influence champenoise rend l'édifice très original. Cette ancienne abbaye bénédictine possède d'autres intéressants bâtiments, occupés par l'hôtel de ville. Sur la place de la Fontaine, de vieilles maisons pointent leurs pignons aigus autour d'une fontaine en grès du XIIᵉ siècle; non loin de là, l'église Saint-Furcy, désaffectée, retient l'attention par sa magnifique façade flamboyante. Quant au musée Gatien-Bonnet, sur les bords de la Marne, il perpétue la mémoire de son fondateur par ses salles consacrées à l'archéologie et à l'histoire locale. La partie qui abrite du mobilier et des costumes briards constitue une précieuse collection pour les régionalistes.

LE MOBILIER RUSTIQUE

Autant les intérieurs de châteaux de l'Île-de-France ont souvent conservé leur mobilier d'origine, autant les fermes et les maisons rurales anciennes ont perdu leur décor authentique, et c'est souvent chez les antiquaires que l'on retrouve ce qui faisait la fierté des paysans d'autrefois. Deux musées de la proche banlieue parisienne ont gardé les témoins du cadre de vie traditionnel : le musée du Vieil-Argenteuil, dans le Val-d'Oise, et celui de Suresnes, dans les Hauts-de-Seine. On peut ainsi admirer les coffres d'une grande simplicité qui pouvaient servir de coffre-fort et de pétrin (musée d'Argenteuil) ou la reconsti-

tution d'un intérieur de vigneron de Suresnes. On a aussi parfois découvert sur leurs lieux d'origine des meubles sommaires, réalisés par le paysan lui-même, tels ces lits suspendus retrouvés dans des fermes des environs de Dourdan et dans lesquels couchaient encore les bergers il y a à peine un demi-siècle. Ce n'est qu'au XVIIIᵉ siècle que la classe moyenne acquiert les moyens de commander à des artisans l'indispensable. Ceux-ci réalisent alors, pour leurs clients, les premières tables (auparavant, on se contentait de dresser une planche sur des tréteaux), les armoires et les buffets solides et sobres. Ils s'inspirent alors soit du style parisien qu'ils adaptent aux bois fruitiers en le simplifiant, soit des styles régionaux de provinces voisines, Champagne, Normandie, Picardie... Aussi n'existe-t-il pas un style rustique unique en Île-de-France. Ainsi, les armoires sont plus dépouillées aux confins de la Beauce qu'au voisinage de la Normandie ou de la Picardie. De même, un artisan qui a l'habitude de travailler pour de riches clients de la capitale introduit volontiers d'élégants motifs décoratifs. Un style s'impose toutefois comme très caractéristique de sa région, le style briard : facture raffinée aux lignes droites, armoires sans corniche, chaises aux bois rectilignes, buffets bas, de proportion presque carrée. Cette pureté de lignes met en valeur la décoration aux motifs bien particuliers, souvent géométriques : des cercles, des triangles, des losanges, des rosaces (la rosace protège, selon la tradition paysanne, les cultures de blé). Ainsi, au musée de Lagny, il est possible d'admirer un beau buffet aux tiroirs décorés de motifs en éventails et de poignées en fer forgé ; la partie supérieure des portes est sculptée de paniers fleuris ou d'éventails associés à des moulures droites ou chantournées.

Paris : 29 km

L'église Notre-Dame-des-Ardents à Lagny ne comporte qu'un chœur et des chapelles latérales. Cet édifice du XIIIᵉ siècle donne une idée de l'immense église abbatiale qui devait abriter la foule des pèlerins venus prier la Vierge.

R. Mazin-Top

L'église Saint-Mathurin, à Larchant, même en ruine, évoque Notre-Dame de Paris
et un XIIIᵉ siècle où la foi se manifestait par de hautes voûtes d'ogives.
Le sanctuaire n'attire plus de pèlerins venus prier saint Mathurin,
pour qu'il guérisse la folie d'un être cher ou leur propre folie,
mais il est toujours un haut lieu de la foi médiévale.

R. Mazin-Top

Chapiteau datant vraisemblablement de la construction de Saint-Mathurin. Les personnages très classiques,
aux corps recroquevillés sur eux-mêmes comme pour mieux supporter le poids de la colonne,
donnent une représentation, très fréquente au Moyen Âge, du Vice et de la Vertu.
Le visage serein et régulier de la Vertu s'oppose à la figure grotesque
et tourmentée du Vice.

Paris : 73 km
Nemours : 8 km

LARCHANT
Seine-et-Marne

UNE ÉGLISE À DEMI RUINÉE QUI S'IMPOSE
POURTANT PAR SES PROPORTIONS
MAJESTUEUSES.

Les randonneurs de la forêt de Fontainebleau qui poursuivent leur route jusqu'à la Dame Jehanne ont une belle vue sur les maisons anciennes de ce bourg, situé dans une cuvette boisée. Les moines de Notre-Dame de Paris firent élever au XIIᵉ siècle l'église Saint-Mathurin, qui domine toute la région de son imposante stature de géant en ruine. Les pèlerins venus invoquer saint Mathurin étaient si nombreux que rien ne semblait trop grand pour les abriter. Le portail, avec sa superbe composition rappelant le tym-

pan de Notre-Dame de Paris, a souffert ; il représente le Jugement dernier et, au niveau du linteau, la Résurrection. La nef et la tour sont encore plus dégradées. Mais le chœur, l'abside et la chapelle de la Vierge permettent de se rendre compte de l'harmonie de l'ensemble. Au-dessus de la porte voûtée, au sud de l'église, une inscription rappelle la première chapelle qui abritait les restes du saint guérisseur et exorciseur, que bien des rois de France, de Charles IV à Henri II, vinrent vénérer, comme le rappelle l'*Auberge des Trois Rois* et la *Maison du Pèlerin* situées non loin de l'église.

LOUVECIENNES
Yvelines

Paris : 29 km
Versailles : 8 km

BIEN DES CÉLÉBRITÉS ONT VÉCU DANS CES
LIEUX : MADAME DU BARRY, MADAME
VIGÉE-LEBRUN, LE MARÉCHAL JOFFRE...

Les admirateurs de Pissarro et de Sisley reconnaissent-ils dans leurs toiles la *Diligence à Louveciennes* et *Route de Louveciennes* la commune désormais si proche de Paris dominant la rive gauche de la Seine ? Il est heureux que les peintres aient fixé pour toujours certains paysages aujourd'hui disparus. Les propriétés, qui furent habitées par tant de célébrités au cours des siècles, ont mieux résisté : le château de madame du Barry, construit au XVIIIᵉ siècle par Ledoux, le château du Pont, plus ancien avec ses douves..., pour ne citer que les plus importants. Dans l'église, en grande partie du XIIIᵉ siècle, madame Vigée-Lebrun a laissé son souvenir dans le bas-côté gauche du chœur, orné d'une de ses toiles représentant sainte Geneviève.

MADAME VIGÉE-LEBRUN

Élève de Greuze et fille du peintre L. Vigée, Louise-Élisabeth Vigée (1755-1842), qui épousa un marchand de tableaux, J.-B. Lebrun, fut célèbre par ses portraits dès avant son mariage.

Sa solide formation, sa beauté et ses talents de femme du monde firent vite d'elle la portraitiste officielle, puis l'amie de Marie-Antoinette.

Elle peignit non seulement de nombreux tableaux représentant la reine et les personnages de la Cour, mais aussi plusieurs autoportraits avec sa fille Brunette. Elle dut émigrer en 1789, et sa vie errante, jusqu'à son retour définitif à Lou-

veciennes, n'apporta aucun renouvellement dans son inspiration. Ce qui plaisait au XVIIIᵉ siècle, cette sensibilité maternelle, ce goût des vertus morales mises à la mode par Rousseau, paraissait un peu démodé au siècle suivant. Elle reste le peintre d'une époque, d'une Cour, dont elle a restitué à merveille l'élégance et l'esprit féminin. La *Sainte Geneviève*, peinte en 1821 et donnée à sa paroisse de Louveciennes, manque de puissance et d'originalité. C'est un des rares tableaux religieux de la portraitiste, qui fut enterrée dans le cimetière de Louveciennes.

L'église Saint-Martin de Louveciennes reste, tout près de la capitale, fidèle à son passé. Malgré des remaniements à l'époque moderne, son clocher, commencé au XIIᵉ siècle, domine le village comme autrefois.

Paris : 31 km
Chantilly : 10 km

LUZARCHES
Val-d'Oise

DE VIEILLES HALLES, UNE CROIX DE
PIERRE... VESTIGES DU PASSÉ DE CE VILLAGE
DU PAYS DE FRANCE.

Ce bourg a des origines très anciennes, comme en témoigne un donjon transformé en maison particulière au sommet de la colline. Tout près, des arcatures gothiques indiquent l'emplacement d'une église détruite à la Révolution. De l'autre côté du bourg, l'église Saint-Côme-et-Saint-Damien date du XIIe siècle, mais la Renaissance l'a ornée, transformée en lui donnant une note luxueuse : magnifique portail, nef en anse de panier au niveau de la voûte, clocher, dont la base, de style roman, est prolongée par un étage décoré de pilastres. Seul le chevet a conservé sa sobriété primitive. Non loin de l'église, une porte fortifiée conduit à l'ancien château fort de la localité. Luzarches, située sur la route de Chantilly, permet d'autres découvertes artistiques, tel le château de Champlâtreux, riche demeure du XVIIIe siècle édifiée pour la famille des Molé, où les frontons sculptés, les pilastres ioniques apportent un élément de fantaisie à un ensemble classique.

MAGNY-EN-VEXIN
Val-d'Oise

UNE VILLE ANCIENNE DONT LES REMPARTS
SONT DEVENUS UNE PROMENADE
OMBRAGÉE D'ARBRES.

À la Renaissance, la vallée de l'Aubette s'est enrichie de bien des merveilles. L'église de Magny en est une, avec son portail orné de panneaux sculptés. À l'intérieur, les plafonds sculptés des chapelles et les fonts baptismaux du XVIe siècle avec leur baldaquin hexagonal contribuent à la splendeur de l'ensemble. La famille des Villeroy avait fait construire un mausolée dont il reste trois priants de marbre blanc. D'autres chefs-d'œuvre de la statuaire se retrouvent à travers la petite ville. L'hôtel de ville occupe une belle demeure Louis XVI et, dans les maisons de la rue Carnot, les artistes, pendant trois siècles — du XVIe au XVIIIe siècle — ont laissé des témoignages de l'évolution du style classique. Non loin de Magny, à Gisors, l'architecte Jean Grappin a contribué à donner à l'église Saint-Gervais son originalité : les chapiteaux, les médaillons, les bas-reliefs du portail, traités avec toute l'exubérance de la Renaissance, ont transformé la façade d'un édifice roman, en lui laissant cependant son clocher terminé d'une flèche.

Paris : 60 km
Mantes-la-Jolie : 21 km

R. César-Top.

Dans l'église de Magny-en-Vexin, ces trois statues de marbre blanc faisaient partie du mausolée érigé au début du XVIIe siècle pour le seigneur de Villeroy et son épouse — en costume du temps d'Henri IV. À côté d'eux, également en prière, leur fils, le marquis d'Alincourt.

... CE PLAISIR SUPERBE DE FORCER LA NATURE ...

1678. Le traité de Nimègue a fait du Roi-Soleil l'arbitre de l'Europe. La Cour brille à Versailles de tous ses feux et l'art français rayonne sur le monde. Alors Louis le Quatorzième, « lassé du beau et de la foule, se persuada qu'il voulait quelquefois du petit et de la solitude, et ce plaisir superbe de forcer la nature... » (Saint-Simon).

À quelques kilomètres au nord de Versailles, un vallon de sa baronnie de Marly semble convenir à ce caprice royal. Et Jules Hardouin-Mansart imagine un ingénieux projet, pour ce qui ne sera jamais, d'ailleurs, l'ermitage d'un chartreux : douze pavillons alignés de part et d'autre d'une perspective d'eau — rivière, bassins, jets, nappes et abreuvoirs —, partant d'une terrasse où se dresse le château, pavillon carré plus vaste que les autres, tous sur le modèle de la « villa » italienne de Palladio. Cette architecture d'équi-

Maquette du domaine de Marly : les pavillons, le château, les bassins et le parc. Musée-Promenade de Marly.
C. Bibollet-Top.

libre et de grâce, harmonieusement fondue dans une nature domestiquée avec raffinement, symbolise la course de l'astre solaire à travers les douze signes du zodiaque. Conquis, le roi donne l'ordre en 1679 de commencer les travaux. Sept ans plus tard, il reçoit ses premiers invités. Cascades champêtres, jeu de ramasse et escarpolette, cabinet des Fleurs et fontaine de Diane, bassin des Gerbes et bains d'Agrippine, théâtre de Mercure, bronzes et marbres de Coustou et de Coysevox (dont les fameux *Chevaux,* aujourd'hui au musée d'Orsay et qui ont leurs répliques place de la Concorde), torchères, tableaux, tapisseries, fresques polychromes et trompe-l'œil : le roi a eu son mot à dire sur le moindre aménagement. C'est la résidence qu'il chérit, à laquelle il consacre tous ses soins.

« Ces pavillons séparés et à demi enfoncés dans une forêt semblent les

Vue de la Machine et de l'aqueduc de Marly, par Pierre-Denis Martin. Musée du château de Versailles,
Lauros-Giraudon.

demeures de différents génies subalternes dont le maître occupe celui du milieu. Cela donne à l'ensemble un air de féerie qui me plaît », dira Diderot. Loin de la sévère étiquette de Versailles, les « Marlys » sont l'occasion de bals, de concerts et de promenades, de loteries, de mascarades et de revues militaires, pour les loisirs d'un « club » très fermé : membres de la famille royale et princes du sang, courtisans choisis, beaux esprits et grandes dames réputées pour leur beauté. Le prestige d'un favori se juge au nombre de ses séjours à Marly, où le roi « fort libre et fort caressant » semble « tout à lui et à son plaisir », remarque Racine.

Dans la conception du domaine, l'eau joue un rôle primordial grâce aux prodiges de la fameuse Machine. Mise au point par Arnold de Ville, originaire de Liège, elle fut construite entre 1681 et 1685 pour alimenter les parcs royaux de Versailles et de Marly avec les eaux puisées dans la Seine. Du monde entier et durant tout le XVIIIᵉ siècle, les Grands vinrent admirer ses 14 roues de 12 m de diamètre, capables de mettre en action plus de 250 pompes réparties sur trois niveaux successifs. Sous Louis XV, les séjours continuèrent à Marly. La Pompadour et la Du Barry s'y plaisaient. Mais, sous Louis XVI, le domaine fut ouvert au public, et, dès 1789, l'agonie commence. En 1816, le château, en ruine, est démoli. Seuls subsistent aujourd'hui la Grande Cascade et le Miroir, la terrasse près de l'Abreuvoir et les deux perspectives d'un parc conçu « pour les âmes sensibles » où l'on va « rêver ou converser délicieusement », comme le notait B. de La Dixmerie en 1765. Édifié pour les « âmes superbes », Versailles avait ébloui. Marly aura séduit. Nombre de souverains conquis par l'originalité de l'architecture et des jardins, où l'eau et la statuaire se fondent dans la nature, l'ont pris pour modèle. Marly n'est plus... Marly revit : à Linderhof en Bavière, à Peterhof en Russie, à Quélus au Portugal ou à Chatsworth en Angleterre.

L'Abreuvoir de Marly, gravure rehaussée de J. Rigaud. Musée-Promenade de Marly.
C. Bibollet-Top.

Le Rendez-vous pour Marly, burin, d'après un dessin de Moreau le Jeune, 1776. Musée-Promenade de Marly.
C. Bibollet-Top.

Paris : 14 km

MAISONS-LAFFITTE
Yvelines

DANS CETTE CAPITALE DU CHEVAL, IL Y
AVAIT DÉJÀ DES COURSES HIPPIQUES SOUS
LOUIS XIV.

Le vieux village de Maisons est dominé par une simple et massive église gothique. Au XVIIe siècle, François Mansart construisit pour la famille royale un château de pierre blonde qui servait d'étape après celui de Saint-Germain. Cette œuvre est caractéristique du style nouveau apparu en 1650, inspiré par la rigueur majestueuse de l'Antiquité. Deux pavillons et un corps central aux colonnes doriques s'organisent selon un ensemble presque linéaire. Les toits sont encore élevés, comme à l'époque de Louis XIII, mais les pavillons ne sont plus en saillie. Un terre-plein, terminé par une galerie, domine des parterres récemment rétablis dans leur ancienne splendeur. Au début du XIXe siècle, le banquier Laffitte amputa le château de ses communs, transformant une partie du parc en lotissement. Maisons devient alors Maisons-Laffitte, célèbre par son champ de courses équestres. Racheté par l'État au début du siècle, la demeure a été réaménagée et a retrouvé la gloire de ses salons d'autrefois. La coupole peinte de l'appartement du roi, au premier étage, brille de tous ses ors, adoucis par des bleus et des rouges sombres. Certains aménagements datent du comte d'Artois, futur Charles X. L'escalier d'honneur est resté de style Louis XIII, avec sa belle rampe de pierre et ses sculptures réalisées par Philippe de Buyster et Sarazin. Dans la galerie, des tapisseries, en particulier la tenture des *Chasses de Maximilien* — d'après des cartons de Bernard Van Orley —, restituent l'atmosphère de l'époque. Ces tapisseries ont été tirées d'un chef-d'œuvre réalisé à Bruxelles en 1540 à la demande de Charles Quint, qui voulait les offrir à François Ier.

NICOLAS-FRANÇOIS MANSART

Celui auquel on a attribué — à tort — une forme de toit à pente brisée, typique du style classique, a travaillé sous Louis XIII et pendant la régence d'Anne d'Autriche, avant de se mettre au service de Louis XIV. La Banque de France — ancien hôtel de la Vrillère — et la façade du Val-de-Grâce ainsi que celle de l'hôtel Carnavalet témoignent, à Paris, de son talent. Au château de Maisons, Mansart (1598-1666) créa pour le ministre de Longueil un ensemble déjà royal par ses proportions et très symétrique par la disposition de ses pavillons en faible avancée. En 1651, année de la fin des travaux, le roi et la régente peuvent constater — à l'inauguration de cette demeure — la maîtrise de l'architecte dans la recherche d'un nouveau style : même si les toits sont encore à une seule pente et les murs en brique et pierre, le style Louis XIV a remplacé le style Louis XIII. L'utilisation des colonnes, des pilastres, les frontons annoncent Versailles, où triompha le petit-neveu de Mansart, Hardouin-Mansart.

R. César-Top

Le château de Maisons (CI-DESSUS), *où l'emploi de la brique et de la pierre laisse la place à l'utilisation de la pierre seule, marque l'apparition du style Louis XIV. L'architecte Mansart a bâti pour un ministre des Finances, René de Longueil, une demeure royale où trois ordres de colonnes — dorique, ionique et corinthien — composent un décor déjà classique. Dans la salle à manger* (À DROITE), *la cheminée date du comte d'Artois — futur Charles X.*

Paris : 55 km

MANTES
Yvelines

ELLE DOIT SON NOM DE « JOLIE » DU TEMPS
OÙ HENRI IV VENAIT Y RENDRE VISITE À LA
BELLE GABRIELLE.

MAXIMILIEN LUCE

Né en 1858 dans une famille parisienne modeste, il se prépara à être graveur, métier à mi-chemin entre l'art et l'artisanat. Toute sa vie, il dessina et grava, comme en témoignent le grand nombre de lithographies et de dessins réunis au musée de Mantes. La diversité de son œuvre de peintre s'explique par la passion qui anime cet être profondément authentique et indépendant. Épris de justice sociale, il peint le monde du travail : invité par Verhaeren, il consacre plusieurs lithographies aux usines près de Charleroi et aux mineurs. Avec Van Dongen, il découvre les chantiers de Rotterdam. Après son installation à Rolleboise, à l'instigation d'amis comme Alfred Veillet, il ne renonce pas à ce type de sujet et dessine l'*Usine de ciments à Mantes*. Son art est toutefois marqué par une exigence dans la recherche technique, qui le rapproche des pointillistes tels que Seurat et Signac, et l'empêche d'être un « peintre de parti ». Mais il refuse les écoles et ne s'enferme jamais à l'intérieur d'un système comme les autres pointillistes. Sa touche reste spontanée, même s'il pratique la division des tons par touches séparées. Sur un des plus beaux tableaux du musée de Mantes, la neige tombant sur les uniformes des poilus traduit sa propre détresse et la technique pointilliste convient fort bien pour rendre les flocons. Pour d'autres sujets, il sait s'adapter à une méthode moins divisionniste. Armand Lanoux définit ainsi sa manière : « Si certaines toiles, par exemple l'*Inondation*, peuvent s'apparenter à la manière impressionniste au premier regard, on s'aperçoit bientôt que l'esprit est très différent. Alors que l'impressionnisme est avant tout jeu de lumière et de couleurs à partir d'un motif qui tend à se désincarner, l'art que nous étudions se fonde sur le respect du sujet. »

La ville ancienne de Mantes-la-Jolie a beaucoup souffert des bombardements de la Seconde Guerre mondiale avant d'être aujourd'hui envahie par les grandes industries, vraies forteresses du XXᵉ siècle installées sur les bords de Seine, qui la serrent de près. Pourtant, la collégiale Notre-Dame, si souvent restaurée au cours des siècles, résiste à toutes les catastrophes, avec ses deux hautes tours et sa galerie très ajourée. Commencée à la fin du XIIᵉ siècle en même temps que Notre-Dame de Paris, elle n'a été terminée qu'au XIIIᵉ siècle, époque où furent construits le chœur et la nef. Quant aux chapelles, elles ont toutes été ajoutées au XIVᵉ siècle, y compris la superbe chapelle de Navarre, à droite. Le portail central, inspiré des ateliers de Chartres, ne livre plus qu'une partie de son message, les statues représentant l'histoire de la Vierge étant pour la plupart décapitées.

À l'intérieur de la collégiale, une grande rose rappelle celle de Notre-Dame de Paris, et, malgré l'absence de transept, la nef, haute de 30 m, contribue à donner une exceptionnelle clarté à l'ensemble. Dans la chapelle de Navarre, ce sont les membres des familles de France, d'Évreux et de Navarre qui constituent le principal élément décoratif des vitraux et quatre statues de princesses gardent l'entrée de la chapelle.

Autour de la collégiale, quelques vieilles maisons, dans la rue menant à la Seine, permettent de se rendre compte de la beauté passée du quartier détruit. De même, plus haut dans la ville, la tour Saint-Maclou, du XVIᵉ siècle, évoque la splendeur d'une église détruite à la Révolution. Récemment rattaché à Mantes, le village de Gassicourt a conservé une église romane qui faisait partie autrefois d'un prieuré. La belle simplicité de son portail n'a pas échappé aux historiens de l'art, et l'intérieur de l'église recèle des merveilles, telles ces stalles du XVIᵉ siècle aux miséricordes originales.

La municipalité de Mantes ne cesse de mettre en valeur son patrimoine, comme en témoignent dans la mairie les salles consacrées à un peintre « divisionniste plutôt qu'impressionniste », Maximilien Luce.

Cet artiste encore méconnu a souvent installé son chevalet à Rolleboise, célèbre pour sa corniche et son clocher pointu. Plus près de Mantes, Limay possède encore son vieux pont du XIIᵉ siècle, immortalisé par Corot. L'église Saint-Aubin, surmontée d'une tour du XIIᵉ siècle à l'élégante flèche de pierre octogonale, abrite des sculptures provenant du couvent des Célestins, détruit, et d'autres œuvres d'art d'une grande qualité.

R. César-Top

R. César-Top

*S*e faisant face, la collégiale des XIIᵉ et XIIIᵉ siècles et la tour Saint-Maclou, vestige d'une église Renaissance, défient le temps. Les vieux quartiers de Mantes qui les séparaient ont été détruits en 1944.

*C*e vieux pont du XVᵉ siècle, qui réunit Mantes à Limay, a souffert de la dernière guerre mondiale ; mais il est encore digne des peintres qui l'ont immortalisé, tels Corot et Maximilien Luce.

*ue représentant une
cesse de Navarre, dans
hapelle de Mantes édi-
par cette royale dona-
, qui porte en réduction
s sa main cette
truction.
sar-Top.*

Paris : 43 km
Arpajon : 12 km

CHÂTEAU DU MARAIS
Essonne

IL A APPARTENU DANS LA PREMIÈRE MOITIÉ
DU XXᵉ SIÈCLE À ANNA GOULD, QUI AVAIT
ÉPOUSÉ L'ÉLÉGANT ET CÉLÈBRE BONI DE
CASTELLANE, PUIS LE PRINCE DE
TALLEYRAND.

Découvrir cette belle demeure du
XVIIIᵉ siècle dans la vallée de la
Rémarde, non loin d'Arpajon, voir se refléter
son portique Louis XVI dans un vaste miroir
d'eau procurent un grand plaisir. Construit en
1770, à une époque où l'on n'aimait guère les
édifices démesurés, il a l'élégance d'une façade
régulière, avec sa partie centrale à dôme qua-
drangulaire et sa galerie formant terrasse.
Deux tout petits pavillons bordent ce terre-
plein et introduisent ainsi dans l'ensemble une
certaine fantaisie. Dans le jardin à la française
— dessiné au XIXᵉ siècle — les douves créent
un décor qui accompagne harmonieusement
le château, dont l'intérieur a été transformé
en musée : le visiteur se trouve accueilli par
les amants célèbres qui se sont retrouvés en
ces lieux, Chateaubriand et Pauline de Beaumont, Talleyrand et Mᵐᵉ de Staël... À ces statues de cire s'ajoutent les souvenirs des divers
propriétaires du château.

Paris : 31,5 km
Saint-Germain-en-Laye : 3

MARLY-LE-ROI
Yvelines

IL NE RESTE DES SPLENDEURS ROYALES DU
CHÂTEAU DE LOUIS XIV QUE LES PIÈCES
D'EAUX DU GRAND PARC.

Las des fastes et surtout de l'étiquette
de Versailles, Louis XIV confie à
Hardouin-Mansart un projet de nouvelle résidence royale. Près de la forêt de Marly fut
élevé en dix ans un pavillon, emblème du
soleil, flanqué de douze autres plus modestes
figurant les signes du zodiaque et destinés aux
courtisans. Pour alimenter les bassins du parc,
une machine, inventée par un ingénieur belge,
pompait l'eau de la Seine toute proche. Ce
mécanisme — remplacé par une installation
électrique — continua longtemps à alimenter
Versailles. L'aqueduc en pierre meulière, dû
à Hardouin-Mansart et à Robert de Cotte, a
résisté au temps et ses trente-six arcades
relient Louveciennes à la Machine. En
revanche, les pavillons, jugés après la mort
du Roi-Soleil d'un entretien trop coûteux,
furent abattus sous l'Empire. Déjà la Grande
Rivière avait été remplacée par une pelouse,
le Tapis vert. Seuls subsistent la Grande Cascade et un bassin à grand jet, dit le Grand
Miroir. Ces vestiges donnent encore une idée

*Le château du Marais, reflété dans une vaste pièce d'eau, a l'élégance
et la sobriété d'une demeure Louis XVI inspirée de l'antique. En 1778, Barré, son architecte,
reste fidèle aux conceptions de Jacques Ange Gabriel, qui a marqué de son génie
bien des monuments à Paris et à Versailles. D'illustres propriétaires y ont laissé leur présence,
une présence particulièrement vivante dans une demeure transformée en musée.*

de l'ensemble. Dépouillée des « chevaux de Marly », dont il ne reste que des copies — ceux de Coysevox furent jadis placés aux Tuileries et ceux de Coustou, aux Champs-Élysées —, la terrasse, située près de l'Abreuvoir, est encore plantée d'ifs. Les deux belles perspectives du parc, l'une aboutissant à la grille royale, l'autre, transversale à la vallée de la Seine, au Grand Miroir, sont restées dignes de leur créateur. La ville conserve de vieilles maisons, une église construite par Mansart rappelant ses heures de gloire. Au XIXe siècle, d'autres souvenirs sont venus s'ajouter à ceux du Grand Siècle. À Port-Marly, en effet, Alexandre Dumas père a construit en 1843 une « folie », extravagant mélange de style gothique et Renaissance. Ce château de Monte-Cristo, sauvé par les Amis d'Alexandre Dumas, traduit toute la fantaisie de cet écrivain prolifique.

Dans le parc du château de Marly ce cheval cabré de Coustou (EN BAS) avait remplacé, près de l'Abreuvoir, le cheval ailé de Coysevox. Désormais, les originaux des célèbres œuvres des XVIIe et XVIIIe siècles se trouvent au musée du Louvre ; leurs répliques encadrent la place de la Concorde. Le château de Monte-Cristo (EN HAUT), construit en 1846 sur une colline de Port-Marly, abrite désormais le musée Alexandre-Dumas.

Paris : 45 km

MEAUX
Seine-et-Marne

« TRAVAILLONS, FRÈRES, JUSQU'AU POINT
DU JOUR, JUSQU'AU CHANT DU COQ,
JUSQU'À L'HEURE OÙ PART LA VOITURE DE
DAMMARTIN, ET QU'IL PUISSE ENTENDRE LA
SONNERIE DE LA VIEILLE CATHÉDRALE OÙ
REPOSE L'AIGLE DE MEAUX. »
(G. DE NERVAL : LES *NUITS D'OCTOBRE*.)

Cette ancienne capitale de la Brie septentrionale s'est étendue tout autour d'une boucle de la Marne. Ses remparts,

encore gallo-romains dans la partie dominant l'évêché, constituent une terrasse d'où le vieux centre apparaît dans toute sa magnificence. La cathédrale Saint-Étienne, assez massive vue de loin, avec sa tour carrée très ouvragée contrastant avec l'autre tour, plus courte et couverte d'ardoise, est une construction de style flamboyant, du XIIIe siècle. Vraie dentelle de pierre, souvent effritée, elle possède de beaux portails où l'on distingue la représentation du Jugement dernier (portail central) et de la vie de la Vierge (portail de droite). Comme les portails sud et nord, celui de l'ouest est consacré à saint Étienne. À l'intérieur, la nef, d'abord flamboyante, se fait ensuite plus sobre. Grâce à la suppression des tribunes des bas-côtés, les remaniements apportés à cette cathédrale ont contribué à donner une extrême clarté à l'ensemble. On

*Le jardin de l'évêché à Meaux (À GAUCHE) a été tracé par Le Nôtre en forme de mitre d'évêque ;
les bâtiments qui le bordent sont occupés par l'actuel musée Bossuet, qui vient de s'enrichir
d'une nouvelle collection d'art sacré, dont ce bois polychrome du XIVe siècle (À DROITE) représentant
saint Jean méditant au pied de la croix. Son expression douloureuse
et le geste de la main soutenant la tête le rendent particulièrement émouvant.*

R. Mazin-Top

Cette déploration du Christ datant du XVIᵉ siècle (EN HAUT) est de Frans Loris, peintre flamand.
Autour du Christ, le groupe classique de la Vierge, saint Jean et Marie-Madeleine ; à l'arrière-plan, quatre personnages,
dont probablement saint Pierre à la barbe opulente et Joseph d'Arimathie qui a prêté son propre tombeau pour ensevelir Jésus.
EN BAS, châsse de la fin du XIIᵉ siècle, dont le décor évoque les événements qui ont suivi
la Résurrection en un foisonnement de personnages. (Musée Bossuet, Meaux.)

ne peut qu'y évoquer Bossuet, qui a si souvent prêché dans la ville dont il fut l'évêque. La chaire a été refaite avec les morceaux de celle de l'Aigle de Meaux, dont le tombeau, dans le chœur, est marqué d'une dalle en marbre noir. C'est à gauche de la cathédrale, dans l'ancien évêché, que subsiste le souvenir de cette grande figure : un portrait de Rigaud dans sa bibliothèque, sa chambre conservée avec les meubles d'époque, notamment. Le musée abrite aussi, dans la crypte du XIIe siècle, une exceptionnelle collection archéologique. Des tableaux — dont un Millet et un Courbet — sont dignes d'être présentés dans ce bel hôtel

médiéval, remanié au XVIIe siècle. Au XVIe siècle, Guillaume Briçonnet, évêque de Meaux, affligé de la goutte, y fit construire en guise d'escalier un surprenant plan incliné qui lui permettait de gagner sa chambre à dos de mule ! Bossuet, quant à lui, se plaisait dans une petite maison située sur la terrasse des remparts, de l'autre côté du jardin de l'évêché. Il devait aussi se promener dans le jardin dessiné par Le Nôtre en forme de mitre d'évêque. De ce parterre, la vue s'étend sur d'autres restes de Meaux, comme la demeure des chanoines datant de la fin du XIIe siècle, avec son escalier extérieur ajouté à la Renaissance.

BOSSUET

Ce prélat, si lié à la cour de Versailles, est né à Dijon en 1627. Provincial venu à Paris en 1660, il devint l'évêque de Condom, puis fut chargé par le roi de l'éducation du Grand Dauphin. S'il permit au gallicanisme de Louis XIV de triompher, s'il admira l'homme d'État, qu'il considérait comme le « fils aîné » de l'Église, il ne manqua pas de fermeté dans son rôle de confesseur et n'a jamais absout le chrétien qui faisait scandale en imposant Mme de Montespan à Versailles. Nommé évêque de Meaux en 1682, il se consacra à son diocèse sans sacrifier son devoir à des ambitions de courtisan. Ses oraisons funèbres et ses sermons eurent une véhémence qui les rendit célèbres. Il fut écrivain autant que prélat quand il prononça l'éloge des grands de ce monde, d'Henriette de France, d'Henriette d'Angleterre, épouse de Monsieur, du prince de Condé... Aussi Napoléon écrivit-il à son sujet : « Bossuet, c'est la plus grande parole de l'univers chrétien et le meilleur conseiller des princes. Ce que j'ai appris de lui depuis mes difficultés avec Rome me le fait encore plus grand. Je l'avais cru d'abord un poète, un Homère biblique. » On ne peut mieux reconnaître le caractère à la fois politique et religieux des fonctions de Bossuet dans l'Église de son temps. Il mourut à Meaux en 1704, dix ans avant son souverain.

Bronze représentant une femme orientale levant le bras d'un geste gracieux. Comme beaucoup d'artistes symbolistes de la fin du XIXe siècle, le sculpteur Barrias s'est souvent inspiré de l'Orient. (Musée Bossuet, Meaux.)

R. Mazin-Top

Paris : 34 km

MÉDAN
Yvelines

DE LA PLÉIADE JUSQU'AU NATURALISME
MÉDAN FUT CHER AUX GENS DE LETTRES.

En face de Villennes, petite île du bord de Seine, Médan évoque les parties de campagne d'Émile Zola et de ses amis naturalistes. Le créateur de la fresque des Rougon-Macquart a aimé se détendre dans sa maison de Médan, dont les fenêtres ouvrent sur la Seine. Un moment centre de conva-lescence pour enfants, la retraite de Zola conserve encore son aspect d'autrefois et l'on y retrouve des souvenirs de l'écrivain. C'est là que fut élaborée l'œuvre publiée en 1880 sous le titre *les Soirées de Médan* et qui réunit les six nouvelles illustrant des épisodes de la guerre de 1870. De Médan, celle-ci n'a guère que le titre et est signée par les auteurs qui se réunissaient chez Émile Zola : Guy de Mau-passant, J.K. Huysmans, Henri Céard, Léon Hennique, Paul Alexis. Une autre demeure à Médan a servi de lieu de rencontre à des écri-vains. Dans le château de Jean Brinon, seigneur de Médan et de Villennes, ont séjourné des poètes de la Pléiade, dont Ronsard. Deux tours carrées indiquent l'entrée de cette demeure remaniée sous le règne de Louis XIII.

À Médan, Émile Zola découvre la nature. En 1902, l'année de sa mort, il écrit : « Je passe de délicieuses après-midi dans mon jardin, à regarder tout vivre autour de moi. Avec l'âge, je sens tout s'en aller et j'aime tout plus pas-sionnément. »

R. César-Top

« Pas un jour sans une ligne ! » Dans sa maison, la table de travail évoque Zola, dont telle était la devise. Mieux qu'un musée, Médan est devenu un endroit privilégié que l'écrivain semble habiter encore. Dans d'autres pièces, le décor d'autrefois a pu être reconstitué.

R. César-Top

Paris : 46 km

MELUN
Seine-et-Marne

CET OPPIDUM S'APPELAIT MELODUNUM
QUAND CÉSAR S'EN EST EMPARÉ.

Aux portes de la Brie, cette préfecture est née, comme Paris, dans une île de la Seine. Sa devise le rappelle :

« Melun je suis : qui eus à ma naissance
Le nom d'Isis, comme des vieux on sait.
Si fut Paris construit à ma semblance,
Mille et un ans, depuis que je fus fait. (...)
Qui par la guerre ai eu maintes souffrances... »

Au cours des siècles, en effet, ce centre ancien a souffert. Dans l'île, l'église Notre-Dame a été ébranlée par l'explosion des ponts en 1944. Le porche et deux tours carrées, de chaque côté du chœur, ont été refaits. Cette ancienne collégiale, fondée par le roi Robert le Pieux et remaniée au cours des siècles, conserve d'assez beaux détails : voûtes d'arêtes des bas-côtés, façade Renaissance et porte à vantaux d'époque... D'autres monuments de l'île ont, eux aussi, subi maintes transformations, tel l'hôtel de la Vicomté, où des bâtiments modernes ont été ajoutés à l'édifice du XVIᵉ siècle pour abriter le musée-bibliothèque. Du château féodal, il ne reste, près du jardin botanique, que la *tour de la reine Blanche*. En face de l'île, sur la rive droite, la ville ancienne témoigne de son passé par l'église gothique Saint-Aspais, également restaurée après la Seconde Guerre mondiale. Elle ne manque pas d'originalité avec ses cinq nefs d'un gothique tardif, s'élargissant depuis la façade jusqu'au chevet. À l'intérieur, les chapelles aux vitraux du XVIᵉ siècle et une peinture sur bois du XVIIᵉ siècle contribuent au charme de l'église. D'autres édifices anciens n'apparaissent qu'à l'intérieur de bâtiments modernes : le clocher d'une église détruite place de la préfecture, le palais abbatial du XVIIᵉ siècle, visible dans l'hôtel du préfet, le cloître de l'abbaye de Saint-Père, au sein même de la préfecture. Ces vestiges permettent d'évoquer le temps où les rois de France étaient comtes de Melun et manifestaient leur suzeraineté à l'égard des vicomtes de Melun, vassaux indociles. Les

alentours de la ville sont encore riches de cette présence royale qui se signalait autant par ses constructions que par ses destructions, bâtissant des monastères et démantelant les forteresses. À Dammarie-lès-Lys, à 3 kilomètres de Melun, les ruines de l'abbaye du Lys, construite par Blanche de Castille, ont longtemps abrité des reliques de Saint Louis.

MÉRÉVILLE
Essonne

Paris : 66,5 km
Étampes : 16,5 km

UN RICHISSIME BANQUIER DE LA COMPAGNIE DES INDES, LE MARQUIS DE LABORDE, ORNA LE PARC DE CE CHÂTEAU DE CÉLÈBRES FABRIQUES.

Au sud du département de l'Essonne, aux confins de la Beauce, la petite ville s'étage sur la rive gauche de la Juine, dans

*Près de Melun, les ruines de l'abbaye du Lys se dressent,
prière pétrifiée et rebelle aux assaillants. Les ogives qui ont résisté depuis le XIIIᵉ siècle
sont celles des moines cisterciens. Blanche de Castille et son fils, Saint Louis,
avaient fondé là un des nombreux hauts lieux chrétiens d'Île-de-France.
Avant d'être démantelée, l'abbaye abritait des reliques du roi.*

cette jolie vallée commençant à Étampes. Son attrait tient aux vestiges d'un brillant passé architectural, qu'il s'agisse de ses halles, place du marché, de son église, à la nef du XIᵉ siècle et au clocher du XIIᵉ, ou de son château. Cette demeure Renaissance, flanquée de tourelles, a été transformée au XVIIIᵉ siècle par le marquis de Laborde. Des ailes furent ajoutées de chaque côté de l'édifice et le parc paysager, dessiné par Hubert Robert, fut peuplé de fabriques comme on les aimait à l'époque de Jean-Jacques Rousseau.

Lotie au XIXᵉ siècle, la propriété fut privée d'une partie de ces fabriques, qui furent transportées au château de Jeurre, près de Morigny-Champigny. Dans le parc de Méréville, quelques grottes artificielles et des cascades rappellent le souvenir des amours de Nathalie de Noailles et de Chateaubriand. Un moulin, inspiré de celui du Trianon, complète cette reconstitution de la vie rustique.

Le château de Méréville, qui a conservé ses tourelles d'angle comme beaucoup de châteaux Renaissance, a été remanié au XVIIIᵉ siècle. C'est alors qu'Hubert Robert a dessiné le parc à fabriques qui a rendu célèbre la demeure du marquis de Laborde.

C. Bibollet - Top.

C. Bibollet-Top

Sur la place du marché à Méréville, les vieilles poutres de châtaignier portent encore leur toit de tuiles anciennes. La superbe pente de ces halles défie le temps, témoignage fidèle d'un passé où l'on élevait au commerce et à l'agriculture des temples désormais vénérés comme des merveilles du patrimoine français. Ces beaux édifices revivent à l'occasion de marchés et de foires, notamment à Arpajon, à Dourdan, à Milly.

LES HALLES

Autrefois, villes et gros bourgs organisaient une ou deux fois par semaine leur marché sous un vaste toit de tuiles supporté par une forte charpente — généralement de châtaignier. Ces anciennes halles existent encore à Egreville, en Seine-et-Marne, où l'immense toiture repose sur une charpente presque invisible de l'extérieur. Des pignons de pierre remplacent les habituels montants de bois, percés de quatre ouvertures cintrées, de tailles différentes et d'un effet original. Le département de l'Essonne possède plusieurs halles anciennes : celles d'Arpajon, du XVᵉ siècle, comme celles de Milly, celles de Dourdan, du XIIIᵉ siècle, très restaurées, celles de Méréville, qui datent, comme celles d'Egreville, du XVIᵉ siècle. Tous ces vieux centres agricoles s'animent à l'occasion des foires, et la fête bat son plein près des superbes charpentes, qui retrouvent leur raison d'être.

MEUDON
Hauts-de-Seine

Paris : 4 km

OBSERVATOIRE POUR LES ASTRONOMES ET, POUR LES PROMENEURS, UN POINT DE VUE ADMIRABLE SUR PARIS.

Entouré de forêts, Meudon a conservé son caractère de villégiature autrefois fréquentée par l'aristocratie. Sa terrasse, seul vestige du château Vieux des princes de Lorraine, offre une vue splendide sur Paris ; quant à son Observatoire, il occupe le château Neuf, construit par Mansart pour le Grand Dauphin. Dans le centre de la ville, la maison a été transformée en musée, riche en histoire locale et en œuvres d'art moderne — en particulier des gravures et des dessins de Dunoyer de Segonzac. La villa des Brillants, résidence de Rodin, se trouve sur une croupe dominant la Seine, dans le quartier du Val-Fleury. Également transformée en musée, elle permet de reconstituer l'histoire des œuvres du sculpteur : ébauches, moulages des originaux, exposés à Paris, hôtel Biron. La tombe de Rodin, dans le parc de la villa, est surmontée du *Penseur*, son œuvre la plus célèbre.

Dans le jardin de la maison d'Armande Béjart, le buste d'Helvetia, œuvre de Gustave Courbet.

À GAUCHE, *maison d'Armande Béjart à Meudon, transformée en musée d'art et d'histoire. Trois siècles revivent dans ces salles, du siècle de Molière à celui de Rodin, dont des sculptures ornent aussi le jardin.* CI-DESSUS, *cette commode permet d'admirer le talent du peintre Frank-Will, mort en 1951, plus connu pour ses aquarelles sur le vieux Montmartre.*

EN HAUT, *ce vitrail moderne de la chapelle Saint-Blaise à Milly-la-Forêt exprime toute la poésie d'une région traditionnellement consacrée à la culture des plantes médicinales. Deux de ces plantes symbolisent la grâce de la foi et de la guérison.* EN BAS, *cette maladrarie du XII siècle, restaurée et décorée par Jean Cocteau, attire à Milly bien des admirateurs du poète ; les amoureux de la nature s'attardent dans le jardin de cette chapelle*

MILLY-LA-FORÊT
Essonne

« JE VEUX BIEN,
TU ME DIS ENCORE QUE TU M'AIMES,
VÉNUS. SI JE N'AVAIS POURTANT
PARLÉ DE TOI,
SI MA MAISON N'ÉTAIT FAITE
AVEC MES POÈMES,
JE SENTIRAIS LE VIDE
ET TOMBERAIS DU TOIT. »
(*LE POÈTE DE TRENTE ANS*, JEAN COCTEAU.)

Cette villégiature doit sa renommée à la proximité du massif des Trois-Pignons, qui fait partie de la forêt de Fontainebleau. La beauté de sa situation, ses rochers de grès, sa rivière — l'École — attirent depuis toujours les artistes. Les jours de marché, la foule se presse sous les halles du XVᵉ siècle, bel édifice à l'immense toit de vieille tuile. Il semble qu'à Milly les traditions se soient conservées, miracle dû peut-être à une certaine pauvreté de la région. On y cultive encore les simples et le tabac. L'artisanat n'y est pas mort, l'élevage du mouton y survit... Quel endroit convenait mieux à Cocteau pour décorer la modeste chapelle Saint-Blaise-des-Simples, un peu en dehors du bourg ? Il a choisi d'y être enterré, dans le cadre créé par lui, si paisible et si poétique, avec, à quelques mètres, un jardin où poussent, parmi d'autres plantes médicinales, la menthe, la belladone, la valériane, la renoncule et l'aconit, peints sur les murs du sanctuaire. Cocteau n'a fait que renouer avec la tradition en restaurant en 1959 une maladrerie du XIIᵉ siècle. On y soignait autrefois les lépreux. Le poète, dont la maison s'annonce, rue du Lau, par deux tourelles de brique, est présent à jamais en ces lieux. « Je reste avec vous », annonce l'inscription près du buste et de la pierre tombale. Il appréciait cette petite ville dominée par un beau clocher gothique, où un château des XIIᵉ et XVᵉ siècles pointe encore deux tours crénelées au-dessus des fossés remplis d'eau vive. Quant à l'église reconstruite en partie au XVᵉ siècle grâce à l'amiral de Graville, elle renferme une vierge à laquelle la femme de l'amiral aurait prêté ses traits aristocratiques.

COCTEAU PEINTRE

Marcel Arland, dans son *Anthologie de la poésie française*, écrit : « Il arrive que le poète troque son habit d'Arlequin pour la toge du poète classique. » À Milly, Cocteau, l'homme de théâtre, prend pinceaux et crayons, l'admirateur de l'Antiquité revient à la Bible. Le Christ ressuscité rappelle Orphée descendu aux Enfers. La simplicité du trait, sa puissance évoquent certains portraits de Matisse ou de Picasso. Les plantes qui décorent la chapelle de Milly deviennent, elles aussi, symboles, à la fois merveilleusement stylisées et facilement reconnaissables : des plantes qui guérissent, qui éloignent la mort, des plantes réelles et, en même temps, chargées d'histoire, de mythe. Car certaines, comme la belladone, sont à la fois poison et guérison, vie et mort, descente aux Enfers et résurrection. On ne peut souhaiter plus profonde intégration de l'homme à la nature, par l'intermédiaire du Christ. Jean Cocteau est mort quatre ans après avoir décoré la chapelle Saint-Blaise. Il manifeste dans cette œuvre une grande harmonie intérieure et un sens profond de la terre : terre nourricière, qui fait naître tous ces simples aux mystérieux pouvoirs, terre qui accueille aussi l'homme à sa dernière heure et transforme sa dépouille en plantes, pour d'autres hommes. Éternel recommencement des choses.

MONTFORT-L'AMAURY
Yvelines

EN ÉPOUSANT CHARLES VIII, PUIS LOUIS XII, ANNE DE BRETAGNE, COMTESSE DE MONTFORT, APPORTA EN DOT LA FORTERESSE.

« Lorsque d'un pas rêveur foulant les grandes herbes,
Je monte jusqu'à vous, restes forts et superbes !
Je contemple longtemps vos créneaux meurtriers,
Et la tour octogone et ses briques rougies,
Et mon œil, à travers vos brèches élargies,
Voit jouer des enfants où mouraient des guerriers. »
Ainsi, en 1825, Victor Hugo s'adresse-t-il aux « ruines de Montfort-l'Amaury ». La forteresse, élevée par Amaury de Montfort au XIᵉ siècle, avec la tour d'Anne de Bretagne ajoutée au XVᵉ siècle, suscite l'admiration du poète romantique épris de passé médiéval. Les lieux n'ont guère changé depuis. La citadelle, en ruine, offre le même point de vue sur la jolie petite ville, les vieux toits de tuile, le cimetière, l'église et, au loin, une ceinture d'arbres annonçant la forêt de Rambouillet. De l'enceinte, il ne reste que la porte Bardoul, une tourelle près de l'hospice, une autre rue de Sancé et un ensemble de murailles aménagées en promenade formant terrasse, aux Poulies, sous l'église. Celle-ci n'est plus « prête à crouler », comme le déplorait Victor Hugo ; elle a été restaurée. Son clocher et la façade sont en partie modernes, mais l'abside et les côtés ont encore fière allure : gargouilles aux formes très originales — l'une a un corps de femme —, surmontant des pilastres corinthiens déjà Renaissance, arc-boutants soutenant le chœur, tout a gardé la beauté d'autrefois. Sur le flanc droit, un portail représente les donateurs, André de Foix et sa femme, entourés de quatre autres personnages ornés de feuilles, plus difficiles à identifier et pleins de charme. L'intérieur de l'église est formé de trois nefs sans transept, les bas-côtés, avec leurs clefs de voûte pendantes, donnant un caractère flamboyant à l'ensemble. Les vitraux Renaissance représentent presque tous des sujets tirés de l'Ancien et du Nouveau Testament, plus de quarante magnifiques tableaux, parmi lesquels la Tentation du Christ, la Crucifixion et la Descente de Croix ne peuvent manquer d'attirer l'attention, à droite de l'église. Les rouges, les bleus ont un éclat particulier, et les personnages à l'expression très attachante échappent à toute convention.
Le cimetière, entouré de trois galeries, ne ressemble à aucun autre en Île-de-France, avec

ses charpentes des XVIᵉ et XVIIᵉ siècles. Quand les tombes étaient pleines, ces galeries recevaient les ossements. Trois chapelles funéraires rappellent le rôle de ce charnier, œuvre d'art d'une grande qualité et édifice d'utilité publique bien nécessaire en ces temps d'épidémies. Dans les rues de la ville, le promeneur découvre, à chaque pas, une vieille maison coquettement fleurie, des toits de tuile à la douce patine, des façades en colombage avec un premier étage en avancée. Rue de la Treille, Victor Hugo a séjourné dans une maison datant de la Renaissance. Celle de Ravel a moins de caractère, mais elle intéresse les admirateurs du compositeur par le musée qu'elle abrite. Maurice Ravel y a composé, de 1921 à 1937 — année de sa mort —, la plupart de ses grandes œuvres, notamment le *Boléro*. La région de Montfort offre bien d'autres pos-

sibilités de retrouver des personnages du passé dans les demeures seigneuriales dissimulées dans les arbres. Aux Mesnuls, le château Renaissance a été agrandi au XVIIIᵉ siècle dans le même style. Un de ses célèbres propriétaires, le maréchal de Villars, a laissé son nom à la perspective dite « trouée de Villars ». Une allée royale mène à cette belle demeure de brique et de pierre, déjà classique par ses deux ailes basses en retour. En revanche, à Gambais, la forme en demi-cercle du château de Neuville répond à une conception originale du XVIIIᵉ siècle, alors que, du côté du parc, l'enceinte à trois côtés date de la Renaissance. Quant au château de Pontchartrain, construit au XVIIᵉ siècle par François Mansart pour la puissante famille des Phélypeaux, dont plusieurs membres furent ministres, il séduit par ses bâtiments allongés à l'agencement savant.

CI-DESSUS. *À Montfort-l'Amaury, la tour d'Anne de Bretagne a été ajoutée à la fin du XVᵉ siècle au donjon féodal.*
PAGE DE DROITE. *Le portail sud de l'église Saint-Pierre à Montfort rappelle le souvenir de ses donateurs, André de Foix et son épouse.*
Les anges qui encadrent le personnage féminin, avec leur corps terminé par un rinceau de feuilles d'acanthe,
ont la grâce païenne de deux Amours. Les têtes placées au-dessus d'André de Foix sont plus énigmatiques ;
elles figurent quelque dieu antique de la Nature, Pan par exemple, si fréquent dans la décoration Renaissance.

QUAND L'ART FABRIQUAIT LA NATURE

Il était une fois un banquier richissime de la Compagnie des Indes qui aimait l'art et les agréments... C'est en 1784 que le financier Jean-Joseph de Laborde acquit le domaine de Méréville, petit château Renaissance dont il fit une fastueuse demeure XVIIIe, dans l'un des parcs les plus splendides et les plus célèbres de son temps. Le marquis s'était adressé à François Joseph Bélanger, très en vogue pour le charme palladien de ses créations — dont la célèbre folie de Bagatelle —, et à Hubert Robert, maître de cette sensibilité antiquisante qui donnait à ses peintures et aux jardins qu'il dessinait une grâce familière touchée par la nostalgie des ruines. Or, de Méréville, ne restent aujourd'hui que des épaves.

e marquis de Laborde fut guillotiné sous la Terreur. Son omaine, dont avait d'abord hérité sa fille, changea plueurs fois de main, fut loti, amputé, démembré. Rescapés u naufrage, pourtant, les embellissements imaginés par ubert Robert et Bélanger furent transportés et remontés erre par pierre à Jeurre, à la fin du XIXe siècle, dans la ropriété d'un amateur d'art résolu à les sauver de la estruction. On aimait au XVIIIe siècle une nature sensible habitée par l'homme, ouverte à ses émotions. La rigoueuse hiérarchie des parterres à la française et la discipline u cordeau imposée par les mises en scène à la Le Nôtre vaient fait leur temps. Les bosquets « naturels » et les lées sinueuses, les monticules vallonnés et les massifs e verdure servaient désormais de décors à des temples niniature, ruines artistement reconstituées, colonnes à antique ou gracieuses rotondes : c'était la mode des fabriques », constructions élégiaques, pittoresques ou ymboliques, conçues pour faire du jardin paysager une romenade sentimentale ou érudite, où l'homme renontrait la beauté, la poésie ou l'histoire.
'est au paysagiste Duchêne que fut confié le soin de lacer à Jeurre les fabriques de Méréville. En les voyant nsi sur fond de verdure, on parvient à imaginer l'atlosphère de ces oudoirs de plein air u l'on se promène e pièce d'eau en harmille et de bougrin en bosquet, vec en perspective e péristyle d'un petit emple ou les narches de marbre 'un édicule corinien, une grotte euplée de bustes ou n kiosque effleuré ar le goût chinois, ans un parc mbreux où l'âme omantique, déjà, émeut des « affiités électives ». La nain de l'artiste avait rouvé le moyen de açonner le paysage

selon l'esthétique des sentiments : entrer en communi cation avec une nature où la raison se dissimule entre les frondaisons et les frontons, les arbres et les fûts can nelés des colonnes. Un jardin où l'idéal du beau antique parfois teinté d'une influence exotique venue d'Orient fusionnait avec l'« état de nature » prôné par Jean Jacques Rousseau.
Le marquis de Laborde aimait sans doute l'art, l'histoir et les beaux sentiments. Banquier de la Compagnie de Indes, il se plaisait aussi à honorer les mérites des grand navigateurs. Parmi les fabriques les plus riches de sym boles qu'il fit édifier, la Colonne rostrale célèbre la mémoire du comte de La Pérouse, parti à la découvert de Macao, de la Corée et des Philippines et qui disparu dans le Pacifique en 1788. L'étrange colonne se dresse sur son socle cubique, surmontée d'une sphère dorée métaphore du globe terrestre, tandis que quatre rostre de bronze se superposent sur son fût : ces proues de navir étaient, dans l'Antiquité romaine, utilisées pour célébre les victoires navales, victoire, ici, de l'esprit aventureu des grands découvreurs marins. Autre « fabrique » à voca tion commémorative : le cénotaphe de Cook.
Abrité sous un portique massif à colonnes doriques, c tombeau est l'œuvr d'Augustin Pajou sculpteur attitré d Mme du Barry. La Lai terie, au bord d l'étang, et davantag le temple de la Piét filiale illustren encore plus cett mode des fabrique que le néoclassicism français se plut à multiplier. Copi d'un temple d Tivoli, le temple d la Piété filiale per pétue ce goût pou ces inévitable « temples d l'Amour » dont le tableaux de Huber Robert furent de modèles si prisés.

Ci-contre, le tombeau de Cook autre « fabrique » de Mérévill

Le temple de la Piétié filiale, rotonde néoclassique à coupole ornée d'une statue à l'antique, fait partie également des embellissements que le marquis de Laborde fit édifier dans son parc *(détails ci-contre et ci-dessous).*
En bas, la Laiterie au bord de la pièce d'eau complète cette évocation des fabriques du XVIIIᵉ siècle.

Photos de C. Bibollet-Top.

MONTLHÉRY
Essonne

*« SUR LA TOUR DE MONTLHÉRY
UN JOLI JOUVENEL EST MONTÉ
UN JOLI JOUVENEL DE PARIS
AU GILET FLEURI
D'UNE ROSE THÉ. »*
TRISTAN KLINGSOR

Paris : 21 km

Comme celle de Montfort-l'Amaury, la forteresse de Montlhéry dont les châtelains furent autrefois des seigneurs redoutables, rivaux des rois de France, n'est plus qu'un donjon en ruine, mais ce site féodal continue à attirer les promeneurs. Du haut de la butte, la vue s'étend très loin sur le Hurepoix, vaste région agricole, coupée de petits bois, d'escarpements et de cultures maraîchères entre Montlhéry et Arpajon. Comme le « jouvenel » du poète symboliste Tristan Klingsor, comme Victor Hugo très épris de cette tour romantique, comme enfin Paul Fort, nul ne reste insensible au contraste entre les toits rouges et les prés verts qu'évoque la deuxième strophe de la chanson de Klingsor :
*« Il a regardé le ciel fin comme une soie,
Il a regardé la rouille des toits dorés,
Il a regardé le rouge vif des toits,
Il a regardé le tapis vert des prés,
Et soupiré. »*

C. Bibollet-Top

MONTMORENCY
Val-d'Oise

« PENDANT UN HIVER ASSEZ RUDE, AU MOIS DE FÉVRIER, ET DANS L'ÉTAT QUE J'AI DÉCRIT CI-DEVANT, J'ALLAIS TOUS LES JOURS PASSER DEUX HEURES LE MATIN ET AUTANT L'APRÈS-DÎNÉE DANS UN DONJON TOUT OUVERT QUE J'AVAIS AU BOUT DU JARDIN OÙ ÉTAIT MON HABITATION. »

Paris : 11 km

Dans les *Confessions*, Rousseau évoque ainsi sa résidence de Montlouis, encore bien rustique : « Ce donjon qui terminait une allée en terrasse, donnait sur la vallée et l'étang de Montmorency [...]. Ce fut dans ce lieu glacé, que, sans abri contre le vent et la neige, et sans autre feu que le feu de mon cœur, je composais dans l'espace

de trois semaines ma lettre à d'Alembert sur les spectacles. » C'est là, en effet, qu'après sa brouille, en 1757, avec madame d'Épinay, il se retira avec sa compagne Thérèse Levasseur. Dans le musée occupant sa petite demeure, est exposé le modeste mobilier de Rousseau, en particulier la table sur laquelle il écrivit *la Nouvelle Héloïse* et corrigea *l'Émile* et *Du contrat social.* Car cette retraite fut féconde, comme le pensait l'auteur : « Je comptais bien que la forêt de Montmorency qui était presque à ma porte serait mon cabinet de travail. »

À l'époque de Rousseau, Montmorency était une petite ville célèbre pour son église flamboyante, chapelle funéraire de la puissante famille des Montmorency. La collégiale se dresse toujours sur un piton boisé et son clocher — refait au XIXe siècle — a fière allure. À l'intérieur, les voûtes aux larges arêtes multiples sont supportées par les piliers de la nef en plein cintre. Plusieurs clefs de voûte portent la devise des bâtisseurs : *Aplanos,* mot grec signifiant « Sans faute ». Quant aux vitraux, presque tous anciens, ils représentent les seigneurs de ces lieux. Le monument funéraire, élevé à la gloire du connétable Anne et de son épouse, a été démoli à la Révolution ; seuls les gisants ont pu être sauvés et sont exposés au Louvre. À côté du si modeste refuge de Jean-Jacques, ce joyau très ouvragé, déjà marqué par la Renaissance, offre un contraste frappant. Il a mieux traversé les siècles que bien d'autres édifices de la ville, telle l'auberge du Cheval-Blanc, lieu de rendez-vous des artistes au XIXe siècle et qui n'est plus aujourd'hui qu'un café assez délabré.

MORET-SUR-LOING
Seine-et-Marne

Paris : 71 km
Fontainebleau : 11 km

SES MAISONS ANCIENNES S'AVANCENT SUR LA RIVIÈRE PAISIBLE.

Place forte royale près de la Champagne, et près du confluent de la Seine et du Loing, cette petite ville conserve un charme désormais bien pacifique. Si l'on traverse le Loing, en prenant le vieux pont, on jouit d'une vue d'ensemble sur l'église et sur le donjon, seul témoin de plusieurs siècles d'histoire militaire. Donjon devenu propriété privée et percé de fenêtres modernes. Son ascension permet d'avoir une autre perspective sur la ville et sur les vieux toits saumon des maisons du XVe et du XVIe siècle. Chacune a son histoire, la plus célèbre étant celle dite « de François Ier », transportée à Paris cours Al-

À Montlhéry, cette tour du XIIIe siècle qui compte quatre étages, campée fièrement sur une butte, a résisté au démantèlement ordonné par Henri IV. Depuis le XIe siècle, la forteresse avait permis à des vassaux rebelles de défier la royauté.

bert Ier pour Mlle Mars puis remontée près de l'hôtel de ville. Avec son portique richement décoré, d'angelots et de médaillons, elle ne pouvait que séduire l'actrice. D'autres maisons, plus modestes, se parent de pans de bois, comme le pittoresque logis du Bon-Saint-Jacques, près de l'église. De chaque côté de la Grande Rue, deux vieilles portes rappellent les anciennes fortifications : la porte de Samois — ou de Paris —, grosse tour carrée flanquée de deux tourelles, et la porte de Bourgogne, plus sobre et également surmontée d'une tour carrée. L'église Notre-Dame garde sa pureté gothique, malgré les remaniements subis par le chœur aux XIVe et XVe siècles. Qui se plaindrait

que son clocher, du XIIe siècle, ait été surmonté d'une belle tour carrée au XVe siècle ? L'ensemble reste très harmonieux, avec son portail flamboyant. À quelques kilomètres de Moret, à Saint-Mammès, les péniches sillonnent la Seine, et les impressionnistes ont été séduits par le pittoresque de ce très vieux métier. Comment ne pas partager leur enthousiasme quand on découvre, de la rive droite de la Seine, les anciennes maisons de mariniers ? L'église romane et gothique reste également un beau monument à la gloire de la batellerie, avec ses statuettes de deux patrons de la profession : saint Mammès et saint Nicolas.

SISLEY À MORET

Alfred Sisley, d'origine anglaise, habita Moret de 1895 à sa mort, en 1899. Un monument, sur la promenade du Champ-de-Mars, rappelle combien il a aimé peindre dans cette région. Sa tombe, au cimetière, son atelier, rue Montmartre, sa maison, rue Sisley, évoquent l'un des plus célèbres peintres impressionnistes, dont les toiles témoignent d'une préférence pour les paysages d'eau : rivières, ruisseaux, canaux, inondations... Avec des tons clairs et lumineux, Sisley a représenté le vieux pont de Moret et les façades patinées des maisons de la ville se reflétant dans le Loing.

R. Mazin-Top

R. Mazin-Top

CI-DESSUS, *ainsi photographié de la route de Saint-Mammès, Moret fait figure de village médiéval, avec son église gothique, son très ancien pont terminé par une porte fortifiée (la porte de Bourgogne), ses maisons bâties presque sur l'eau. Le cygne au premier plan évoque un paysage tranquille comme Sisley aimait les peindre.* EN HAUT, À DROITE, *détail de l'hôtel dit « de François Ier », à Moret, bâti pour un courtisan qui toute sa vie a souhaité en vain y recevoir son roi.*

PAGES SUIVANTES. *Blasons, médaillons et angelots constituent la riche décoration de la maison « de François Ier ».*

R. Mazin-Top

Paris : 53 km
Étampes : 2,5 km

MORIGNY-CHAMPIGNY
Essonne

LE PARC DU CHÂTEAU DE JEURRE ABRITE
LES FABRIQUES DE MÉRÉVILLE.

Entre Étréchy et Étampes, cette localité garde le souvenir d'un grand passé. L'abbaye bénédictine du XIᵉ siècle n'est plus qu'une église paroissiale, presque réduite au chœur, avec quelques vestiges de la nef pieusement conservés à l'entrée sur la place. Une tour carrée du XIIIᵉ siècle est flanquée d'une jolie tourelle d'escalier terminée en pyramide à la Renaissance. À l'intérieur de l'église, bas-reliefs, pierres tombales et restes de colonnes permettent de redécouvrir plusieurs siècles de sculpture médiévale ou Renaissance. De l'autre côté de la place, le château est l'ancien palais abbatial reconstruit au XVIIIᵉ siècle. Il abrite des collections préhistoriques et gallo-romaines. Plus loin, le château de Jeurre se dresse au bord de la Juine, vaste demeure du XVIIIᵉ siècle, œuvre de Robert de Cotte et Coysevox. Son parc est devenu un musée riche en œuvres d'art et en curiosités venues d'autres propriétés : portail d'un hôtel ayant appartenu à la comtesse de Verrue, rue du Cherche-Midi à Paris, fronton du château de Saint-Cloud, et surtout les fabriques de Méréville. Toute l'imagination et la fantaisie du XVIIIᵉ siècle revivent dans la colonne rostrale, élevée aux deux fils Laborde, disparus avec La Pérouse, dans le pseudo-tombeau de Cook décoré par Pajou, dans le temple de la Sibylle inspiré de celui de Tivoli. En face du château, une laiterie complète le décor.

NEMOURS
Seine-et-Marne

DU LATIN *NEMORA*, « FORÊTS », NEMOURS EST ENCORE ENTOURÉE DE ROCHERS DE GRÈS PROLONGEANT LA FORÊT DE FONTAINEBLEAU.

Paris : 80 km
Fontainebleau : 17 km

Cette capitale du Gâtinais français, avec ses vieux quartiers enserrés par le Loing et deux canaux, reste égale à elle-même, malgré son urbanisation que déplorait déjà Balzac dans *Ursule Mirouët*. Au début de ce roman, l'écrivain donne une fidèle description de cette ville cernée par les derniers rochers de Fontainebleau : « Telle est la sensation que cause la vue soudaine de Nemours en y venant de la Bourgogne. On la voit de là cerclée par des roches pelées, grises, blanches, noires, de formes bizarres, comme il s'en trouve tant dans la forêt de Fontainebleau, et d'où s'élancent des arbres épars qui se détachent nettement sur le ciel et donnent à cette espèce de muraille écroulée une physionomie agreste. Là se termine la longue colline forestière qui rampe de Nemours à Bouron, en côtoyant la route. Au bas de ce cirque informe s'étale une prairie où court le Loing en formant des nappes à cascades. » Au milieu de ce décor, se détachent les deux

R. Mazin-Top

Le château féodal de Nemours, dont le pavillon central, flanqué de quatre colonnes, date du XIIᵉ siècle, reste digne de ses seigneurs d'autrefois, comtes ou ducs de Navarre, de Foix ou d'Orléans.

*V*ue des communs du domaine de Jeurre à Morigny. Le château, dont seule la partie centrale est du XVIIᵉ siècle, est célèbre à cause des « fabriques » ornant son parc.

C. Bibollet-Top

Comme celle de Moret, l'église de Nemours, consacrée à saint Jean-Baptiste, se reflète dans le Loing.
Presque entièrement du XVIe siècle, elle possède une incontestable originalité avec
les chapelles du chevet particulièrement saillantes et la forme pointue de son clocher.
Ce dernier, lui-même flanqué de minuscules tourelles aussi fines que des aiguilles,
contraste avec sa tour gothique, plus massive, seule partie du XIIe siècle.

monuments les plus célèbres de Nemours, son château féodal et la collégiale Saint-Jean-Baptiste, qui mêle harmonieusement les styles gothique et Renaissance. Le donjon, comme tous ceux d'Île-de-France, remonte au XIIᵉ siècle. Il est relié par un étroit passage au corps principal, pavillon rectangulaire flanqué aux angles de quatre tourelles rondes. Toute la décoration de l'ensemble date du XVᵉ siècle. Les murs épais ont été percés de fenêtres ; le perron a été ajouté au XVIIᵉ siècle, de même que le portail à fronton sculpté sur la rue. Des maisons ont été construites sur le pont, au-dessus des anciens fossés. Tous ces remaniements ne parviennent pas à réduire la puissante stature de ce géant médiéval, qui en impose encore à tous. L'église, pour sa part, dresse une tour carrée terminée par une haute flèche en charpente. Elle date — sauf la base plus ancienne de sa tour — du XVIᵉ siècle. À l'intérieur, au-dessus de la nef surélevée au XVIIᵉ siècle, les clefs de voûte sont pour la plupart en bois, détail assez rare dans ce type d'architecture. Les chapelles du chevet, particulièrement saillantes, contribuent à l'originalité de cette église. Vue du vieux pont qui traverse le Loing, elle forme avec le château un ensemble plein de charme. Nemours possède aussi le musée de Préhistoire d'Île-de-France, à l'est de la ville, sur la route de Sens.

Paris : 40,5 km
L'Isle-Adam : 4 km

NESLES-LA-VALLÉE
Val-d'Oise

LES FERMES Y OCCUPENT D'ANCIENS CHÂTEAUX.

Ce bourg retranché dans la jolie vallée du Sausseron conserve de son passé des vestiges d'une grande qualité artistique. L'église, au beau clocher roman à flèche de pierre, est ogivale par ses clefs de voûte et son abside polygonale. Plusieurs statues de la Vierge, en bois ou en pierre datant du XIVᵉ siècle et de la Renaissance, et des pierres tombales ont pu échapper aux destructions et aux vols. Nesles évoque encore le temps de ses seigneurs par son ancien manoir transformé en ferme. Un beau colombier du XVIᵉ siècle témoigne de privilèges abolis à la Révolution ; le bâtiment d'habitation a le charme de la Renaissance, avec sa tour d'escalier, et sa fenêtre à meneaux, sur la rue. Quant à la ferme du Launay, à moins de 2 km, elle est encore entourée d'une enceinte fortifiée et une tour carrée du XVIIᵉ siècle domine cet ancien manoir.

des pièces les originales des collections du e de la Préhis-à Nemours.

in - Top.

R. Cesar-Top.

Cette statue de sainte Geneviève provient de l'abbaye cistercienne de Val, dont il ne reste que des ruines, et se trouve actuellement dans l'église Saint-Symphorien à Nesles-la-Vallée. La patronne de Paris a été vénérée dans toute l'Île-de-France, comme en fait foi cette belle figure de pierre au corps presque aussi droit que la colonne voisine. Cette pureté de lignes, cette stylisation reste dans la tradition gothique ; et le chapiteau à feuilles d'acanthe, encore très primitif, est d'une égale sobriété.

Limitrophe
de Paris,
à l'ouest-nord
-ouest

NEUILLY-SUR-SEINE
Hauts-de-Seine

ANDRÉ MAUROIS ÉCRIT : « AUJOURD'HUI
NEUILLY NE VIT PLUS DE SES CHÂTEAUX, NI
DE SES BLANCHISSERIES. L'INDUSTRIE
PRINCIPALE Y EST CELLE DES ENFANTS. »

Non loin de la Défense, de Puteaux,
de Courbevoie, qui reconnaîtrait la
villégiature chère aux Orléans sous la Restauration ? Quartier résidentiel élégant,
Neuilly conserve pourtant un peu de son
passé. L'église Saint-Jean-Baptiste, néoclassique avec son fronton, domine encore
quelques vieilles maisons bien inattendues si
près du pont de Neuilly, et, près de la rue de
Longchamp, la rue Casimir-Pinel sent sa province. Plus aristocratique, le quartier Saint-
James vit dans la gloire de sa « folie », témoin
de la fin du XVIIIᵉ siècle, lorsque les grands de
ce monde aimaient à se réfugier loin de leur
résidence officielle pour se divertir. La folie
Saint-James a été construite sous Louis XVI
pour un financier célèbre, dans un style très
classique, avec son portique à colonnes
ioniques et son fronton triangulaire. Le parc
abritait des fabriques ; une seule a été conservée, avec sa façade de temple dorique accolée
à une grotte de rocaille. Cette jolie demeure

a appartenu à Élisa, sœur de Bonaparte, puis
à la duchesse d'Abrantès. Le temple de
l'Amour, à la pointe de l'île de la Grande-Jatte,
offre au regard sa rotonde à colonnes.

NOTRE-DAME-DE-LA-ROCHE
Yvelines

Paris : 44 km
Dampierre : 5 km

UN COMPAGNON DE SIMON DE
MONTFORT, GUY DE LÉVIS, Y A FONDÉ UN
PRIEURÉ EN 1195, AVANT LA CROISADE DES
ALBIGEOIS.

En vallée de Chevreuse, ce village,
proche de Lévis-Saint-Nom, abrite
les pierres tombales de l'ancienne famille des
Lévis-Mirepoix. Son église, sous ses voûtes
gothiques, a conservé des stalles du XIIIᵉ siècle,
parmi les plus rares de France. À la croisée
du transept, des culs-de-lampe sont ornés de
masques originaux représentant les vertus et
les péchés capitaux. Cet ancien prieuré racheté
par les Lévis-Mirepoix a gardé sa salle capitulaire, de style ogival — dans le prolongement du transept —, et un bâtiment de brique
et de pierre du XVIIIᵉ siècle.

*Un automate de la
fin du XIXᵉ siècle
dans la salle des
Coquillages du
musée de Neuilly.*

*Dans l'île de la Grande-Jatte à Neuilly, le temple de l'Amour, encore entouré de peupliers,
contraste avec les bâtiments modernes de Courbevoie et de la Défense. Bien dans l'esprit
du XVIIIᵉ siècle, cette « fabrique » ornait autrefois le parc Monceau. Les colonnes cannelées,
les chapiteaux corinthiens et le pur ovale du toit sont dignes de l'art antique,
si souvent copié par les architectes français.*

PARIS

Comme beaucoup d'anciennes cités, Paris est né dans une île. La petite Lutèce, fondée par des pêcheurs gaulois, rappelle par son nom même ces origines fluviales, Lutèce signifiant en celtique « habitation au milieu des eaux ». Les armes de la ville, figurant une nef, en témoignent. Et quand, à la hauteur de l'île Saint-Louis, on aperçoit le chevet de Notre-Dame, l'image d'un navire solidement amarré de tous ses arcs-boutants s'impose... Rapidement cette île a dû être reliée à la rive gauche et à la rive droite de la Seine par des ponts, qui furent détruits par l'ennemi, brûlés, mais toujours reconstruits. Un grand axe est-ouest, la rue Saint-Martin prolongée par la rue Saint-Jacques, puis la rue Saint-Denis, faisait communiquer Lutèce avec toutes les régions de la Gaule. Au Moyen Âge, Paris s'étend autour de la Cité, à l'intérieur des enceintes de Philippe Auguste puis de Charles V. Les Halles, le Marais, le quartier Saint-Honoré et le Louvre sur la rive droite font face au Quartier latin et aux « villages » avoisinants de Saint-André-des-Arts et de Maubert. Sous Louis XIV, la cité médiévale s'agrandit par l'an-nexion de « faubourgs », comme ceux de Montmartre et de Saint-Lazare, d'un village (Chaillot), d'une abbaye (Saint-Germain-des-Prés). Même si, sous le Roi-Soleil et jusqu'à la Révolution, la Cour réside à Versailles, le roi n'en continue pas moins à embellir la capitale : de beaux hôtels surgissent faubourg Saint-Germain ; les Invalides, l'École militaire déplacent le centre du Vieux Paris. Au milieu du XIXᵉ siècle, sous Napoléon III, de nouveaux quartiers apparaissent, les Champs-Élysées, et entre l'Opéra et les Boulevards. Des villages comme Montmartre, Passy, Auteuil font désormais partie de la capitale. Le développement des chemins de fer donne de l'importance aux quartiers des gares. Le baron Haussmann, préfet de la Seine, ouvre de nouvelles voies rapides de circulation, avec les percées des boulevards Saint-Michel et Sébastopol, de la rue de Rivoli. Le Vieux Paris, celui de Philippe Auguste et de Charles V, s'efface, même si de très beaux vestiges permettent encore d'en imaginer la splendeur et de retrouver la trace de ceux qui ont fait d'un village gaulois la « Ville Lumière ».

Les deux tours de Notre-Dame dominent les quais de la Seine. Deux siècles de travaux furent nécessaires à la construction de ce phare du christianisme.

R. Mazin-Top.

ÎLE DE LA CITÉ-
ÎLE SAINT-LOUIS

« AU-DESSUS DE LA FLAMME, LES ÉNORMES
TOURS (...) SEMBLAIENT PLUS GRANDES
ENCORE DE TOUTE L'IMMENSITÉ DE
L'OMBRE QU'ELLES PROJETAIENT JUSQUE
DANS LE CIEL. LEURS INNOMBRABLES
SCULPTURES DE DIABLES ET DE DRAGONS
PRENAIENT UN ASPECT LUGUBRE. LA
CLARTÉ INQUIÈTE DE LA FLAMME LES
FAISAIT REMUER À L'ŒIL. IL Y AVAIT DES
GUIVRES QUI AVAIENT L'AIR DE RIRE, DES
GARGOUILLES QU'ON CROYAIT ENTENDRE
JAPPER, DES SALAMANDRES QUI
SOUFFLAIENT DANS LE FEU, DES TARASQUES
QUI ÉTERNUAIENT DANS LA FUMÉE. »
(V. HUGO : *NOTRE-DAME DE PARIS*)

Depuis les démolitions d'Haussmann, la cathédrale, isolée entre le
parvis et les jardins de l'Archevêché, domine
la Cité de sa stature tutélaire. Les deux grosses

tours ajourées ne protègent plus les maisons
médiévales qui s'accrochaient à elle. De
grandes artères ont été percées, livrant
l'« arche sainte » au vacarme de la ville. Seules
quelques rues, comme la rue Chanoinesse, la
rue des Ursins, la rue des Chantres,
permettent d'imaginer l'île d'autrefois, l'île des vingt-trois clochers,
des couvents, des écoles de théo-
logie, où Esméralda cherchait, dans
le roman de Victor Hugo, à échapper à l'archidiacre Frollo, où Eugène
Sue, au début du XIXᵉ siècle, situait
une partie des *Mystères de Paris*, dans
des bouges encore proches de la
cathédrale. La Sainte-Chapelle,
joyau du plus pur gothique, se
trouve enserrée entre les bâtiments,
très remaniés à travers les siècles,
du Palais de Justice.
En revanche, la Conciergerie, avec
ses quatre grosses tours, laisse à ce
versant de l'île son ancien aspect

LA CRYPTE
ARCHÉOLOGIQUE
DE NOTRE-DAME

En creusant pour installer un
parking souterrain, l'équipe
chargée du travail a mis au
jour en 1965 des vestiges des
différentes constructions qui
furent enfouies sous le parvis
de Notre-Dame à la suite des
remaniements apportés au
cours des siècles, depuis l'enceinte de la Lutèce gallo-
romaine jusqu'à la Cité
d'Haussmann. En 1970, une
crypte a été aménagée, permettant de suivre l'évolution
archéologique de ce cœur de
Paris. Des plans, documents,
reproductions complètent ce
petit musée déjà riche des
objets découverts au cours des
fouilles.

Le portail central de Notre-Dame doit beaucoup à la restauration de Viollet-le-Duc,
aussi bien pour le Christ du trumeau que pour les six apôtres à droite, dressés sur des figures
de démons correspondant aux vices. Au tympan, trois scènes illustrent le Jugement dernier ;
en particulier la résurrection des morts, que l'on voit ici se redresser à l'appel du Sauveur,
en s'appuyant sur leurs mains. Les pentures en fer forgé du portail sont du XIXᵉ siècle.

R. Mazin-Top.

R. Mazin-Top.

EN HAUT : *Ces statues en cuivre ajoutées par Viollet-le-Duc semblent tourner leurs regards vers les gargouilles et les monstres fantastiques qui constituent une des curiosités de la cathédrale. EN BAS : Dans l'ancienne sacristie de Notre-Dame est exposé le Trésor de la cathédrale, qui contient des manuscrits, des ornements liturgiques et des pièces d'orfèvrerie du XIXe siècle, comme ces deux ostensoirs et le reliquaire de la Sainte Couronne d'épines.*

de forteresse. L'horloge décorée par Germain Pilon continue à sonner près du marché aux Fleurs. Quant au Pont-Neuf, séparé en deux parties par la pointe de la Cité, il compose un bel ensemble avec les deux pavillons en brique et pierre fermant la place Dauphine. Cette place triangulaire, aménagée par Henri IV, qui a donné aux jardins en contrebas leur nom de « Vert-Galant », rappelle le style de la place Royale, désormais place des Vosges. Vue de loin, du quai de l'Hôtel-de-Ville, la Cité reste fidèle à son passé, un passé qui, de près, se révèle bien amputé par le baron Haussmann. L'île Saint-Louis n'a été lotie qu'au XVIIᵉ siècle par l'entrepreneur Marie, aidé des financiers Poulletier et Le Regrattier. Aucun bâtiment administratif ne rompt l'harmonie tranquille de ses vieilles rues, de ses quais. Deux hôtels — l'hôtel de Lauzun, quai d'Anjou, et l'hôtel Lambert, entre le quai et la rue Saint-Louis-en-l'Île — lui permettent de rivaliser avec le Marais. Un certain charme provincial, le silence, l'association de belles demeures et de modestes maisons ont depuis longtemps séduit les artistes ou les promeneurs des quais de la Seine.

LES VITRAUX DE LA SAINTE-CHAPELLE

Les colonnes entre les vitraux sont d'une telle minceur que la chapelle haute semble aérienne, oiseau aux chaudes couleurs adoucies par des bleus profonds, oiseau étendant ses ailes pour s'envoler. On disait autrefois d'un vin clair et chatoyant : « Il est couleur des vitres de la Sainte-Chapelle. » Quand la lumière est propice, toute la gamme des couleurs se reflète sur les dalles et les 1 134 scènes représentées tout autour de la chapelle constituent une véritable bible historiée. L'architecte de cette merveille — probablement Pierre de Montreuil — a édifié au XIIIᵉ siècle un véritable écrin pour les reliques de la Sainte Croix et de la Couronne d'épines, que Saint Louis avait reçues de l'empereur de Constantinople.

EN HAUT : **D**epuis le XIVᵉ siècle, la tour de l'Horloge a subi quelques restaurations, mais le cadran décoré par Germain Pilon donne toujours fidèlement l'heure juste aux promeneurs du marché aux Fleurs. EN BAS : *Quel flâneur prend le temps d'admirer les mascarons du Pont-Neuf, le plus vieux pont parisien construit sous le règne d'Henri IV à la fin du XVIᵉ siècle derrière lequel se profilent la tour de l'Horloge et la Conciergerie ?*

L'hôtel de Lau
construit par Le
en 1657, abrite de
une façade très class
des trésors de décora
tel ce motif où le
sonnage féminin resse
à un spł
R. Maz

104

LES HALLES

« ON NOUS OFFRE DES SAUCISSES ET DES
BOUDINS, DU CAFÉ À UN SOU LA TASSE ET,
AU PIED MÊME DE LA FONTAINE DE PIERRE
LESCOT ET DE JEAN GOUJON, SONT
INSTALLÉS, EN PLEIN VENT, D'AUTRES
SOUPEURS PLUS MODESTES ENCORE QUE
CEUX DES CHARNIERS. »
(GÉRARD DE NERVAL)

Le « Ventre de Paris », décrit par Zola, se trouve désormais à Rungis. Les pavillons de Baltard, édifiés à la demande de Napoléon III, parfait assemblage de fer, de fonte et d'acier, ont disparu, regrettés par les Parisiens, pour lesquels ils étaient aussi familiers que la tour Eiffel. L'un de ces pavillons a été remonté à Nogent-sur-Marne. L'ancien et le moderne tentent, dans l'ancien quartier des Halles, une difficile alliance. Le Forum, le Centre Georges-Pompidou finiront probablement un jour par s'intégrer au tissu urbain traditionnel, l'œil s'adaptant peu à peu aux nouvelles architectures. Déjà, du temps de Baltard, les fidèles de Saint-Eustache avaient dû s'offusquer de ses constructions métalliques, promiscuité douteuse pour leur vénérable église de pierre. Celle-ci domine désormais le Forum, immuable et telle que Gérard de Nerval la décrit dans *les Nuits d'octobre* : « La silhouette grisâtre de Saint-Eustache ferme le tableau. Cet admirable édifice, où le style fleuri du Moyen Âge s'allie si bien aux dessins corrects de la Renaissance, s'éclaire encore magnifiquement aux rayons de la lune, avec son armature gothique, ses arcs-boutants multipliés comme les cônes d'un cétacé prodigieux, et les cintres romains de ses portes et de ses fenêtres, dont les ornements semblent appartenir à la coupe ogivale. » Nerval connaissait bien le quartier, pour avoir habité rue Saint-Martin, dans une maison dont la façade appartient à l'actuel quartier de l'Horloge.

Les plus vieilles rues de Paris ont résisté aux démolisseurs et suggèrent encore le passé. La rue Saint-Martin — superbe voie romaine traversant Paris d'est en ouest — est encore fière de son église Saint-Merri, poème de pierre gothique, flamboyante par ses voûtes et dont le chœur a été revêtu au XVIII siècle d'un placage en stuc aux belles proportions classiques. La rue Saint-Denis, qui lui est parallèle, conserve ses étroites maisons, où des escaliers à balustres Louis XIII et à rampe de fer forgé témoignent de la prospérité des commerçants habitant le quartier depuis le Moyen Âge. Quant à la fontaine des Innocents, dessinée par Pierre Lescot et sculptée par Jean Goujon, entre la rue Saint-Denis et le Forum, elle occupe l'emplacement d'un célèbre charnier devenu marché des Innocents, aux fruits et aux légumes, au temps de Nerval. Entre le boulevard Sébastopol et la rue Saint-Martin, l'étroite rue Quincampoix, qui dut sa notoriété en 1716 au banquier Law, fondateur des premiers billets, a gardé ses vieux hôtels aujourd'hui rénovés. C'est dans ce quartier où subsiste encore le Vieux Paris que s'élève maintenant sur le plateau Beaubourg une des plus audacieuses constructions de la capitale, le Centre Pompidou, dont les tubulures multicolores dominent une place toujours fort animée.

R. Mazin-Top.

La fontaine des Innocents a été sauvegardée au moment de la rénovation des Halles.
Dessinée par Pierre Lescot et décorée sur trois de ses faces par des nymphes dues à Jean Goujon,
elle a été complétée par une face nouvelle au moment de son transfert square des Innocents.
La grâce dont font preuve ces femmes retenant sur leur épaule un drapé délicat
exprime le génie d'un des meilleurs sculpteurs de la Renaissance.

SAINT-GERMAIN-DES-PRÉS-MONTPARNASSE

RENDEZ-VOUS DES ARTISTES ET DES ÉCRIVAINS.

Ce vieux quartier peut évoquer bien des images chères au cœur du Parisien: la massive tour romane de l'église Saint-Germain-des-Prés dominant la place et les célèbres cafés de *Flore* et des *Deux Magots*, haut lieu de l'existentialisme, la place Furstenberg, où l'atelier de Delacroix est devenu musée, l'École des beaux-arts, proche de tant de galeries de peintures des rues Guénégaud et Jacques-Callot, le quai Malaquais et ses bouquinistes, le quai Voltaire et ses antiquaires... L'esprit souffle avec plus de ténacité autour de Saint-Germain-des-Prés. Les beaux édifices classiques sur les quais — l'Institut, la Monnaie — semblent les gardiens d'une certaine tradition esthétique, même si cette tradition prend souvent la forme du refus de tout académisme. En revanche, les quartiers pauvres en richesses architecturales, sans église, sans palais, résistent mal aux démolisseurs : Montparnasse, où tant de peintres ont créé des cafés à la mode — *la Rotonde, le Dôme, la Coupole* — a bien du mal à renaître de ses cendres ; aucune « figure de proue » architecturale n'a arrêté le marteau-piqueur.

LE FAUBOURG SAINT-GERMAIN

« LA FRANCE GOUVERNEMENTALE, LA FRANCE DES POUVOIRS, S'INSTALLAIT DANS LA VIEILLE VILLE DES NOBLES. »

Par cette constatation, Jules Romains mettait en évidence une des caractéristiques du faubourg Saint-Germain et il ajoutait : « Une petite ville enclose où, depuis deux siècles, les plus grandes familles du royaume, peu à peu, s'étaient agglomérées, se laisse envahir par les ministères depuis un demi-siècle. » L'hôtel Matignon est devenu l'hôtel du Premier ministre, rue de Varenne, l'hôtel de la duchesse de Bourbon abrite l'Assemblée nationale, l'hôtel de Seigneley, le ministère du Commerce, l'hôtel de Beauharnais l'ambassade de la République fédérale d'Allemagne. L'hôtel de Salm, sur le même

quai Anatole-France, est maintenant palais et musée de la Légion d'honneur. Exceptionnellement, l'hôtel Biron, avec son merveilleux jardin, œuvre de l'architecte Gabriel — le père —, est consacré à l'art. Auguste Rodin en avait obtenu la jouissance. Un musée renferme une partie des originaux et des esquisses du grand sculpteur.

J.-C. Pinheira-Top.

*L*a coupole de l'Institut, symbole de gloire littéraire, a été dessinée sur des plans de Le Vau.
Elle correspond à un exemple d'harmonie classique rarement atteint, à ce degré de perfection, par l'illustre architecte du XVIIᵉ siècle. Quant au pont des Arts, le premier pont parisien en métal, édifié primitivement en 1903, il vient de retrouver son aspect initial grâce à une reconstruction respectueuse du passé.

LES INVALIDES-
LE CHAMP-DE-MARS

« À LE CONSIDÉRER À VOL D'OISEAU, LA
DISPOSITION DE CE QUARTIER RAPPELLE LE
SCHÉMA D'UN CAMP ROMAIN, AVEC SES
RUES RÉGULIÈRES, SES PLACES STRICTES, SES
ESPACES DE PARADE ET DE MANŒUVRE. »
(MARCEL BRION)

*De la tour Eiffel
Roland Barthes
a écrit : « La tour
est d'abord sym-
bole de l'ascension,
de toute ascension ;
elle accomplit une
sorte d'idée de la
hauteur en soi.
Aucun monu-
ment, aucun
édifice, aucun
lieu naturel n'est
aussi mince et
aussi haut. »*

On ne peut qu'être frappé par le caractère militaire de ce quartier où tant
de larges avenues portent le nom d'un maréchal. Napoléon marque si fort l'hôtel des Invalides de sa présence que l'on oublierait aisément le nom de l'architecte — Libéral
Bruant — et celui du fondateur — Louis XIV.
De même l'École militaire, où Bonaparte a été
cadet, doit tout à l'Ancien Régime, à Louis XV
et à Jacques-Ange Gabriel, le fils. Seule la tour
Eiffel, qui, depuis 1889, domine un ancien
champ de manœuvres, a une vocation paci-

*La façade de l'hôtel des Invalides annonce la vocation militaire de cette fondation
destinée aux anciens soldats. Louis XIV à cheval, tel que Coustou l'a représenté au début du XVIIIᵉ siècle,
domine le portail. Les lucarnes ont la forme de trophées, des canons décorent l'esplanade.
Tout concourt à réunir l'Ancien et le Nouveau Régime si l'on pénètre plus avant dans ce temple
consacré à Mars, et la gloire de Napoléon concurrence celle du Roi-Soleil.*

fique. Et, pourtant, en son temps, elle fut reçue comme une agression : 300 artistes et personnalités signèrent un manifeste pour s'indigner de cette offense au bon goût.

L'OPÉRA ET LES BOULEVARDS

« PRESQUE TOUS CONSTRUITS IL Y A UN PEU PLUS DE CENT ANS, ENTRE LA FIN DU PREMIER EMPIRE ET LA RESTAURATION, LES PASSAGES CONNURENT UNE GRANDE VOGUE. CETTE UNITÉ D'ÉPOQUE LEUR DONNE UNE CERTAINE SIMILITUDE DANS L'ARCHITECTURE GÉNÉRALE : ARCADES, FENÊTRES ARRONDIES, DÉCORATIONS ÉGYPTO-ROMAINES, ASSEZ LOURDES, BAS-RELIEFS REPRÉSENTANT DE GRANDES FIGURES ALLÉGORIQUES. »
(LOUIS CHÉRONNET)

Les cafés, les théâtres des Boulevards, où pendant presque un siècle tant de Parisiens se sont divertis, ont bien perdu de leur gloire. Le IIe et le IXe arrondissement constituent encore un pays parisien dont l'âme subtile semble faite de contrastes. Contraste entre l'agitation des grandes artères d'Haussmann, entre certains quartiers aux activités nocturnes — la presse — non loin du Palais-Royal, et des passages assoupis, même le jour ; entre des places aristocratiques, comme celle des Victoires, et des places d'affaires, comme celle de la Bourse... Tant de choses, tant de gens s'agitent dans ce cœur de Paris depuis des générations. Et les monuments perpétuent des traditions solides : Banque de France, Bourse, nouvel hôtel Drouot, et jusqu'à la gare Saint-Lazare, immortalisée par Monet ou d'autres peintres. Les chercheurs de la Bibliothèque nationale goûtent la sérénité de ses puissants bâtiments de la rue Richelieu. En face, le square Louvois, avec sa fontaine, due à Visconti, correspond à une oasis de paix aux confins du bruyant carrefour Richelieu-Drouot. Mais la figure de proue, gardienne de toutes les grandeurs, de toutes les gloires, est encore l'Opéra. Cet édifice chargé, souvent discuté par les esthètes, s'impose désormais aux historiens comme un chef-d'œuvre de Garnier et comme le temple de l'art lyrique. On ne discute plus *la Danse* de Carpeaux, à l'entrée « du temple » ; probablement finira-t-on par accepter le plafond qu'a peint Chagall, avec ses danseurs multicolores, pourtant assez insolites dans ce cadre si marqué par une époque.

R. Mazin-Top.

Sur la façade de l'Opéra, ce groupe de femmes en plein mouvement a excité l'indignation des contemporains de Carpeaux et quelqu'un jeta une bouteille d'encre sur la Danse. Il fallut la protection de Garnier — architecte de Napoléon III — pour imposer un artiste aussi étranger à la sculpture académique de l'époque. L'original, préservé des outrages de toute nature par un transport au Louvre, vient d'être transféré au musée d'Orsay.

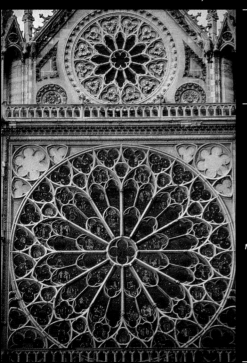

SOUS LE SIGNE DE LA ROSE

Cercle de perfection, symbole de la rotation cosmique, la rose gothique figure, dans l'esprit des bâtisseurs, le jaillissement créateur. Le Christ y apparaît comme le centre où tout s'éclaire : le mystère de la Trinité, le Verbe incarné et le corps de l'Église. Dans le Christ, divinité et humanité retrouvent leur unité, leur transparence, affirmée par la lumière divine qui resplendit dans le vitrail.

Photos R. Mazin-Top.

Lorsque le fidèle franchit le seuil de la cathédrale, il s'élève d'un degré dans la voie de la contemplation. Devenu élu grâce à l'incarnation du Fils, il participe désormais à l'illumination divine. Il pénètre dans cet espace intermédiaire qui n'est plus la terre et qui n'est pas encore le ciel, où Dieu lui parle dans une clarté surnaturelle. Cette clarté, c'est celle que la verrière diffuse au gré des modulations colorées. Les verrières reprennent l'enseignement donné sous les porches et aux tympans des églises, mais dans une éblouissante féerie qui capte l'émotion et fascine le regard. L'amenuisement des murs, à l'âge gothique, transforme le vitrail en une paroi de lumière à laquelle les couleurs — pourpre, bleu, vert, rouge — donnent une densité nouvelle (ci-contre, en bas). Nul arbitraire pourtant dans cette polyphonie chromatique aux résonances alchimiques où, par exemple, la gueule verte de l'enfer aux prunelles de braise s'efface devant le visage transfiguré du Christ et les corps illuminés des élus (ci-dessus, à droite), que saluent les anges aux ailes violines (ci-dessous). Dieu créateur, Dieu fait l'homme et Dieu sauveur : voilà ce que proclame avec force le décor de la cathédrale gothique dans les années 1250, affirmation de puissance conquérante et de gloire au-dessus des ruelles de la cité, telle que la rosace sud de Notre-Dame l'illustre d'une manière emblématique (ci-dessus, à gauche). C'est au milieu du XIIIe siècle, en effet, que l'art du vitrail aboutit aux grandes roses qui déploient leurs rayons sur les croisillons des transepts. Elles visualisent d'abord les cycles du cosmos, l'expression mystérieuse de l'Éternel, du mystère de Dieu. Or ce Dieu est lumière : c'est le Christ soleil. Au cœur de la rose méridionale de Notre-Dame, dans le cercle des prophètes, des apôtres et des saints, il juge les âmes et sauve les croyants (ci-contre, à droite). Mais la rose, c'est aussi le symbole, le foyer rayonnant de l'amour divin : « Dans le brasier de la rose gothique flambent en fait la joie et la volonté de vivre. » (G. Duby.)

R. Mazin-Top

EN HAUT : *Cette fontaine de la place de la Concorde a été créée par Hittorf sous Louis-Philippe.*
Comme celles de la place Saint-Pierre à Rome, elle prend tout son charme quand l'eau jaillit sur ces personnages
mythologiques. EN BAS : *Les flâneurs du jardin des Tuileries peuvent admirer une des plus belles perspectives*
inventées par l'homme. Le Nôtre en avait déjà eu l'idée ; Louis-Philippe, continuant
l'œuvre de Napoléon Ier, a achevé la place de la Concorde et l'Arc de triomphe.

LES CHAMPS-ÉLYSÉES-
LA RUE SAINT-HONORÉ

L'ÉTOILE... « CE POÈME GRANITIQUE OÙ
L'ART MODERNE A SCULPTÉ LES PLUS
BELLES PAGES DE L'ÉPOPÉE IMPÉRIALE. »
(ARSÈNE HOUSSAYE)

Chef-d'œuvre de Rude, et de sculpteurs moins puissants — Étex, Cortot, Pradier —, l'Arc de triomphe, conçu par Napoléon Ier, n'a été terminé que sous Louis-Philippe. Il achève magnifiquement une voie royale dont déjà Le Nôtre avait tracé les grandes lignes depuis le jardin des Tuileries. Car il a fallu plus d'un siècle à l'Ancien et au Nouveau Régime, qui ont travaillé en continuité, pour doter les Parisiens de leurs Champs-Élysées. La place Louis-XV est devenue place de la Concorde, la statue du monarque était remplacée par l'Obélisque. Mais les deux hôtels construits par Gabriel, l'hôtel de la Marine et l'hôtel Crillon, datent du règne de Louis XV. Les chevaux ailés des Tuileries, qui font face, de l'autre côté de la place, à ceux de Coustou, encadrent tous quatre ce haut lieu de l'histoire. Les monuments aux alentours de la Concorde expriment la puissance d'une nation : l'Assemblée nationale, sur la rive gauche, la Madeleine, sur la rive droite, qui fut conçue par Napoléon pour être un temple à la gloire de la Grande Armée. Et, jusqu'à la rue Saint-Honoré le pouvoir s'affirme, grâce à un hôtel de 1718, le palais de l'Élysée, occupé par bien des personnages officiels depuis le Consulat. Que dire de la place

Vendôme, la plus imposante, la moins féminine des places parisiennes, avec ses arcades d'une symétrie très Louisquatorzienne, désormais le fief des grands bijoutiers et des marques de produits de beauté, à l'ombre de la colonne fondue avec les canons pris à Austerlitz ?

Quartier de plaisir, mais aussi de culture, les Champs-Élysées abritent deux immenses musées, construits pour l'Exposition universelle de 1900, le Grand et le Petit Palais, deux parfaits exemples, avec leurs structures de verre et de fer, de l'art « moderne » de la fin du XIXe siècle.

La colonne Vendôme se dresse, depuis le premier Empire, sur une place de la fin du XVIIe siècle. 1 200 canons pris à Austerlitz ont été fondus pour rivaliser avec la colonne Trajane de Rome.

Ces deux figures familières du Vieux Paris, le pont Alexandre-III et le Grand Palais, ont étonné le public, à l'Exposition universelle de 1900, par leur construction métallique.

CHAILLOT, PASSY, AUTEUIL

LE XVIᵉ ARRONDISSEMENT EST « UNE VILLE
AUTONOME AU MILIEU D'UNE VASTE
CAMPAGNE ». (FRANCIS DE MIOMANDRE)

Ce quartier, où la Seine est plus large qu'ailleurs et où le Bois de Boulogne sert de frontière, continue à respirer mieux que le reste de Paris. Comment oublier que les villages de Passy et d'Auteuil n'ont été rattachés à la capitale que sous Napoléon III ? Pourtant, bien peu des vieilles maisons où les artistes venaient se réfugier au XIXᵉ siècle ont conservé leur jardin. Celle de Balzac, rue Raynouard, fait exception ; avec sa double entrée rue Berton, elle évoque les ruses de l'écrivain toujours prêt à échapper à ses créanciers. À Auteuil, des impasses comme la villa Boileau ont encore le charme anonyme de leurs maisons perdues dans la verdure. Mais les historiens et les amateurs d'art ne manquent pas de personnages illustres dont ils peuvent retrouver la trace : rue d'Auteuil, dans le bel hôtel du XVIIIᵉ siècle qui a appartenu aux demoiselles de Verrières, rue La Fontaine, au Castel-Béranger, chef-d'œuvre « modern style » de Guimard. C'est, cependant, Chaillot, « colline des huit musées », qui reste la figure de proue de l'arrondissement.

La prise d'un fort de Cadix par les Français en 1823 donna au quartier le nom de « Trocadero ». Il est dominé par les vastes bâtiments construits en 1937 par Carlu, Boileau et Azema et qui abritent plusieurs musées et le Théâtre national de Chaillot. Leurs ailes courbes encerclent les terrasses et les bassins qui descendent jusqu'à la Seine et permettent une vue panoramique inégalable sur Paris.

MONTMARTRE-BELLEVILLE

« VU DE PARIS, C'EST UNE CIME, VU DE PRÈS,
C'EST UNE PIÈCE MONTÉE. LE SACRÉ-CŒUR
A L'AIR POSÉ LÀ COMME LA MAQUETTE
D'UN ARCHITECTE GÉANT, IL N'AURA
JAMAIS L'AIR TERMINÉ. » (PIERRE LESTRINGUEZ)

Deux collines de Paris, l'une encore très touristique et assez préservée, l'autre laissée à l'abandon puis attaquée par le marteau-piqueur. Pourquoi Montmartre a-t-il survécu, avec ses petits jardins, sa vigne rue Saint-Vincent, ses escaliers ? Pourquoi est-il encore le refuge d'artistes cherchant la tranquillité au fond d'une cour, avenue Junot, dans une villa faisant désormais figure d'hôtel particulier ? La Butte n'est plus celle du Bateau-Lavoir, d'Utrillo, de Picasso et de tant d'artistes, le « pied de la Butte » n'a plus le charme canaille du *Moulin-Rouge*. Mais Montmartre existe, alors que Belleville n'a plus qu'une ou deux rues encore pittoresques à côté de ses H.L.M. Peut-être doit-il sa survie à être bâti sur d'anciennes carrières, qui ont éloigné les promoteurs. Déjà Nerval écrivait : « On

AUTRES PAYS PARISIENS À EXPLORER

Rive droite, un quartier reste inconnu des touristes. Pourtant, le canal Saint-Martin mérite de longues flâneries. Les péniches qui s'y arrêtent évoquent les tableaux de Sisley, de Marquet et, pour les lecteurs de Simenon, les cadavres découverts près d'une écluse. Non loin de là, l'hôpital Saint-Louis, chef-d'œuvre souvent méconnu du début du XVIIᵉ siècle, rappelle par son architecture la célèbre place des Vosges. Les gares du Nord et de l'Est, paysages d'art et paysages industriels, ont été immortalisées par les impressionnistes et les post-impressionnistes, en particulier par Maximilien Luce. Quant aux portes Saint-Denis et Saint-Martin, élevées pour commémorer les victoires de Louis XIV, elles forment transition entre le quartier des Boulevards et celui des Arts et Métiers.

LE MOULIN DE LA GALETTE

On ne reconnaît plus guère le *Moulin de la Galette*, célèbre lieu de plaisir dont Renoir a rendu toute la frénésie de vivre, Toulouse-Lautrec, puis Utrillo lui-même, la désillusion des orgies. Malgré des efforts pour préserver deux moulins rue Lepic, l'opération de rénovation de ce coin de la Butte n'a pu faire revivre la fête. On ne danse plus comme autrefois à Montmartre. Le charme de la Butte est fait de calme, de recueillement. Les lavandières ne chantent plus près des fontaines, comme du temps de Gérard de Nerval qui écrivait : « J'ai longtemps habité Montmartre, on y jouit d'un air très pur, de perspectives variées, et l'on y découvre des horizons magnifiques, soit qu'ayant été vertueux, l'on aime à voir lever l'aurore, qui est très belle du côté de Paris, soit [...] qu'on préfère ces teintes pourprées du couchant, où les nuages déchiquetés et flottants peignent des tableaux [...] au-dessus du grand cimetière, entre l'arc de l'Étoile et les coteaux bleuâtres qui vont d'Argenteuil à Pontoise. »

P. Hinous-Top.

*Au 122, avenue Mozart, cette ouverture a conservé ses arabesques modern style,
décor s'inspirant de certaines guirlandes florales avec une grande fantaisie.
Ces formes contournées ont été à la mode à la fin du XIXᵉ siècle
et en 1900 ; architectes et décorateurs ont travaillé
dans le même esprit pour créer un art qui a conquis ses lettres de noblesse.*

ne peut asseoir légalement une propriété sur des terrains minés par des cavités peuplées dans leurs parois de mammouths et de mastodontes. » Peut-être le Sacré-Cœur, monument pourtant discutable, a-t-il joué un rôle protecteur. À côté de cette basilique construite entre 1876 et 1914, à la suite d'un vœu « reconnu d'utilité publique par l'Assemblée nationale », seule l'église Saint-Pierre possède une qualité artistique indiscutable. Ce vestige de l'abbaye de Montmartre, du XIIᵉ siècle, est souvent méconnu des touristes plus attirés par le pittoresque tapageur de la place du Tertre.

R. Mazin-Top.

Les escaliers de la Butte Montmartre ont inspiré bien des chansons ; ils contribuent à conserver son caractère à un vieux village rattaché à Paris en 1860. Quand on a accompli leur ascension, on est souvent récompensé par une vue irremplaçable sur la capitale, avec, au premier plan, des toits rustiques, des cheminées et parfois des arbres émergeant des cours.

MONTMARTRE, PAYS DE LA BOHÈME

Le village de Montmartre a été rattaché à Paris en 1860, à peine cinq ans après la mort de Gérard de Nerval, qui décrivait ainsi un de ses anciens logis : « Ce qui me séduisait, abrité par les grands arbres du château des Brouillards, c'était d'abord ce reste de vignoble lié au souvenir de Saint-Denis [...]. C'était ensuite le voisinage de l'abreuvoir, qui le soir s'anime du spectacle des chevaux et des chiens que l'on y baigne. » La vigne est toujours là ; le château des Brouillards, où tant d'artistes se sont succédé, a été restauré en 1924 ; quant à l'abreuvoir, qui a donné son nom à la rue, on n'en voit plus que l'emplacement. Des rues très escarpées ont encore, à cet endroit de la Butte, leur charme villageois. Ainsi, la rue Saint-Vincent, la rue des Saules, où le fameux *Lapin agile*, avec ses volets vert vif, n'a guère changé depuis le tableau de Maurice Utrillo. L'enseigne actuelle est une copie de celle du peintre André Gill, qui représente l'animal dansant la gigue en sortant d'une casserole, une bouteille en équilibre sur sa patte ! En 1880, *le Lapin à Gill* devient, par un jeu de mots bien typique des plaisanteries d'artistes, *le Lapin agile*. La guinguette s'est transformée en « beuglant » et les mauvais garçons rôdent la nuit autour de ce café-concert populaire fréquenté par Picasso et Vlaminck et des écrivains comme Mac Orlan, Dorgelès, Francis Carco. C'est une atmosphère plus calme qui devait régner au *Bateau-Lavoir*, place Émile-Goudeau, une bien étrange maison de bois rappelant par sa disposition les coursives d'un paquebot. Picasso et d'autres peintres : Van Dongen, Modigliani et Juan Gris, des écrivains, occupent chacun une pièce, de 1907 à 1914. Le cubisme naît dans ce rendez-vous d'artistes décidés à réagir contre la spontanéité visuelle de l'impressionnisme. Picasso s'écrie un jour : « D'un cylindre, je fais une bouteille ! » Tous tentent de rendre les propriétés permanentes des objets, de les stabiliser dans un espace clos, sans souci de perspective ni de lumière. Chaque objet se définit par ses volumes s'organisant comme des « cubes ». Au *Bateau-Lavoir* ont été peintes les célèbres *Demoiselles d'Avignon*, tableau de Picasso qui fit d'abord scandale. Ensuite, le mouvement gagne toute l'école française et le centre du cubisme se déplaça de Montmartre à Montparnasse. Ce quartier de Montmartre a désormais le charme nostalgique du passé, même si, dans *le Bateau-Lavoir*, reconstruit après un incendie, les peintres travaillent encore.

LE MARAIS

« LES RUINES DU MARAIS, COMME CELLES DE SAINT-CYR, ÉTONNENT PAR LA NOBLESSE DE LEURS COUPES. »

Ce qu'écrit Jean Cocteau en 1949, dans sa préface à *Paris tel qu'on l'aime*, permet de mesurer l'effort accompli : chaque année un nouvel hôtel du Marais retrouve son ancienne splendeur. En 1985, l'hôtel Salé, rue de Thorigny, s'ouvre au public, abritant le musée Picasso, un peu insolite dans ce magnifique cadre du XVIIᵉ siècle. Depuis 1962, le festival du Marais, chaque été, incite les Parisiens à vivre les grandes heures d'un quartier désormais sauvé d'un injuste délaissement. Ce centre de la vie élégante, où, dès le règne d'Henri IV, les grands seigneurs se faisaient construire des demeures d'une harmonie déjà classique, commença à être déserté au XVIIIᵉ siècle. Au XIXᵉ siècle, c'était déjà une

Au-dessus du portail d'un hôtel du Marais, deux amours encadraient, au XVIᵉ siècle,
les armes du gouverneur de Kernevenoy — nom breton déformé en Carnavalet. Par la porte,
on aperçoit un Louis XIV en empereur romain de Coysevox. Malgré l'apport du XVIIᵉ siècle,
Carnavalet reste essentiellement un hôtel Renaissance, comme en témoignent les deux statues entourant la fenêtre :
Cérès symbolisant l'Été avec sa faucille et Bacchus l'Automne avec sa corne d'abondance.

R. Mazin-Top.

« province » de Paris, où artisans et commerces de gros occupaient les cours aristocratiques laissées à l'abandon. Balzac a fait habiter rue de Normandie le Cousin Pons. Près de la place des Vosges, les rentiers aux mœurs paisibles succédèrent aux puissantes familles désormais installées au faubourg Saint-Germain. Seuls les poètes appréciaient ces vieilles pierres. Victor Hugo a évoqué le fantôme de madame de Sévigné, née place Royale (l'actuelle place des Vosges) à quelques mètres de sa propre maison, et locataire de l'hôtel Carnavalet. Cet amoureux du Moyen Âge devait méditer à l'ombre de l'hôtel de Sens — actuellement bibliothèque Forney, riche en documentation sur les Beaux-Arts et les techniques industrielles — ou vers l'hôtel de Clisson, dont la porte à deux tourelles fait encore partie du palais Soubise, reconstruit en 1700. Quant à Gérard de Nerval, il manifesta une prédilection pour cette place Royale, où la brique et la pierre parlaient à son imagination, et qu'il décrivit au début de *la Main de gloire* : « Rien n'est plus beau comme ces maisons du XVIIe siècle dont la place Royale offre une si majestueuse réunion. Quand leurs façades de briques, entremêlées de cordons et de coins de pierre, et quand leurs fenêtres hautes sont enflammées des rayons splendides du couchant, vous vous sentez, à les voir, la même vénération que devant une cour de parlement assemblée en robes rouges à revers d'hermine. »

Presque tous les hôtels du Marais, miraculeusement préservés par l'abandon des classes dirigeantes pendant presque deux siècles, abritent désormais des trésors. L'hôtel Carnavalet,

magnifique écrin Renaissance, accueille les visiteurs par un portail sculpté de lions et d'une Abondance, chef-d'œuvre de Jean Goujon, comme les génies porteurs de torches décorant l'aile gauche. Au centre de la cour se dresse un Louis XIV de Coysevox. À l'intérieur de l'hôtel, des expositions permanentes ou temporaires font revivre l'histoire de Paris grâce aux trésors iconographiques que possède le musée. Le palais Soubise, rue des Francs-Bourgeois, siège des Archives nationales, conserve des appartements de style rococo décorés par de grands peintres. Dans l'hôtel de Rohan, son voisin, construit lui aussi au début du XVIIIe siècle, les anciennes écuries sont surmontées des frémissants chevaux d'Apollon, haut-relief dû à Robert Le Lorrain. L'hôtel Guénégaud, construit par François Mansart, est devenu musée de la Chasse et de la Nature, l'hôtel de Sully, proche de la place des Vosges, avec ses statues des Saisons rappelant le style de Jean Goujon, héberge la Caisse des Monuments historiques. L'hôtel Lamoignon, d'époque Renaissance, a déjà une rigueur classique avec ses pilastres corinthiens et abrite la Bibliothèque historique de la Ville de Paris. L'hôtel Libéral-Bruant, bâti par l'architecte des Invalides, est devenu le musée de la Serrure.

On peut flâner au hasard des rues, et découvrir des hôtels moins connus, hôtels d'Aumont, d'Aubray, d'Albret ou de Savourny.

Le ministre d'Henri IV avait 74 ans quand a été achevé l'hôtel de Sully. Dans la cour d'honneur, des allégories représentent les saisons, comme cette statue de l'Automne à la corne d'abondance.

Une grille entoure le jardin de la place des Vosges, délimitant ainsi, à l'intérieur d'une des plus belles places parisiennes, une oasis de paix.

LE LOUVRE

L'ANCIEN LOUVRE EST REJOINT PAR LE
NOUVEAU ; SUR LE CIEL SE SUIT, NON
INTERROMPUE, LA LIGNE DE
L'ENTABLEMENT AVEC SES BALUSTRADES,
SES TROPHÉES, SES GROUPES D'ENFANTS,
SES TOITS AUX VIVES ARÊTES, SES
CHEMINÉES ORNÉES DE SCULPTURES. »
(THÉOPHILE GAUTIER : *PARIS ET LES PARISIENS*)

L
e palais du Louvre, le plus vaste des monuments parisiens, commencé par François Ier à l'emplacement de la forteresse construite par Philippe Auguste en 1200, a mis des siècles pour acquérir son aspect actuel. Un contemporain de Napoléon III, Théophile Gautier, s'étonna que l'empereur ait pu terminer si rapidement l'œuvre à laquelle collaborèrent presque tous les rois de France, et il se plut à énumérer scrupuleusement tous les architectes qui se succédèrent au cours des siècles : « Pierre Lescot, Ducerceau, Cambiche, Dupeyrac, Lemercier, Lebrun, Levau, Claude Perrault, Percier et Fontaine ». Il ne prévoyait pas que la IIIe République élèverait rue de Rivoli l'actuel musée des Arts décoratifs, ni que les Tuileries de Catherine de Médicis seraient brûlées par les communards en 1871. La cour Carrée, commencée par François Ier, poursuivie par les Valois grâce à Pierre Lescot, puis par

Louis XIII, fut terminée par Louis XIV. La colonnade de Perrault faisant face à Saint-Germain-l'Auxerrois apporte une note très classique à cette cour encore Renaissance, avec ses façades aux lignes pures décorées par Goujon de multiples sculptures aussi variées qu'harmonieuses. Nul cadre ne convenait mieux pour un musée national. Il faut rendre grâce au premier collectionneur, François Ier, qui rapporta d'Italie la *Joconde* et d'autres tableaux italiens de la Renaissance. Chaque pièce maîtresse a son histoire, la *Vénus de Milo*, la frise des *Panathénées*, la *Victoire de Samothrace*... Il est difficile de ne pas se perdre dans ce labyrinthe, d'autant plus que les travaux en cours — d'une importance exceptionnelle — risquent de modifier complètement la répartition des collections. La Grande Galerie est un musée à elle seule, consacrée à la peinture française, avec des tableaux magnifiques de Georges de La Tour, grand maître du clair-obscur et de l'éclairage à la bougie, de Poussin, de Claude Lorrain, avec des toiles du XVIIIe siècle aussi célèbres que *le Pèlerinage à l'île de Cythère*, le *Gilles* de Watteau ou *la Raie* de Chardin.

Le Louvre échappe à toute définition. C'est non seulement un musée, mais aussi un jardin. Les statues sur les terrasses des Tuileries autour du bassin octogonal, donnent à ces parterres une noblesse bien dans l'esprit de leur créateur, Le Nôtre. Les originaux des deux chevaux ailés annonçant l'entrée des jardins viennent de Marly et sont actuellement au musée du Louvre. À chaque pas, en ces lieux privilégiés, le promeneur est confronté à l'histoire. En passant sous l'arc du Carrousel pour

Sous la voûte à caissons de l'arc de triomphe du Carrousel, une Victoire ébauche le geste de couronner un guerrier.

En face d'un des pavillons du Louvre, l'arc de triomphe du Carrousel commémore, dans le style antique, les victoires de Napoléon Ier en 1805.

se diriger vers les Tuileries, on ne peut qu'apprécier la perspective des bassins et de l'obélisque de la place de la Concorde, une perspective royale tracée par plusieurs souverains. Car, si l'arc de triomphe du Carrousel manifeste le goût de Napoléon Ier pour l'Empire romain, l'obélisque a été donné à Charles X par le vice-roi d'Égypte et mis en place par Louis-Philippe.

Comparé à cette grandiose perspective, le jardin du Palais-Royal, entouré de ses galeries surmontées de façades à pilastres toutes dans le même style, a le charme d'un univers clos. Les bruits de la ville y parviennent à peine et les enfants y jouent en sécurité sous les fenêtres des appartements où vécurent deux grandes figures du Tout-Paris littéraire, Colette et Jean Cocteau. Il est difficile d'imaginer qu'avant le règne de Louis-Philippe, tripots et filles y attiraient leur clientèle. Quant au palais de Richelieu, sa belle ordonnance classique et ses portiques conviennent particulièrement bien au Conseil d'État qui siège là.

R. Mazin-Top.

C. Bibollet-Top.

EN BAS : *Commencée par Lemercier, sous Louis XIII, l'aile nord de la cour Carrée a été terminée par Le Vau sous Louis XIV. L'esprit donné par Pierre Lescot et Jean Goujon, à la Renaissance, a été respecté, ce qui vaut à l'ensemble sa belle unité.* EN HAUT : *La salle des Caryatides du Vieux Louvre doit son nom à la tribune décorée par Jean Goujon où se tenaient les musiciens du temps d'Henri II. Elle abrite désormais des sculptures grecques et latines.*

LE QUARTIER LATIN

*« PARIS QUI N'EST PARIS QU'ARRACHENT
SES PAVÉS... »*
(ARAGON, *LES YEUX D'ELSA*)

Le Quartier latin, s'il conserve une faculté, plusieurs grandes écoles, des bibliothèques, des lycées, un Collège de France, échappe à son histoire et ne cesse de se transformer. Depuis le départ en banlieue de plusieurs universités, « Rome n'est plus dans Rome ». Déjà, la rue des Écoles ne ressemble guère — ainsi que les rues adjacentes — au haut lieu de tradition médiévale d'avant 1789. Cependant, la vocation intellectuelle du quartier continue à s'affirmer, libraires et éditeurs disputant encore la place aux magasins de vêtements. Cette permanence tient autant aux monuments et aux sites qu'aux activités. La vieille montagne Sainte-Geneviève, avec le dôme si pur du Panthéon et l'église Saint-Étienne-du-Mont, si différente des autres églises de la Renaissance avec son jubé — tribune en dentelle de pierre, qui serpente entre la nef et le chœur —, sera toujours une colline inspirée. L'église Sainte-Geneviève, construite par Soufflot et transformée en « Panthéon », reçoit depuis la Révolution les cendres des grands hommes, et les fresques de Puvis de Chavanne courent le long des murs de cet édifice monumental en forme de croix grecque. L'église Saint-Séverin, non loin de la Seine, est une réussite incontestable de l'art gothique, avec sa nef élargie de part et d'autre de deux bas-côtés, son déambulatoire flamboyant et ses charniers édifiés au XVe siècle. Pour ceux qui recherchent le Paris médiéval, une visite s'impose à l'hôtel de Cluny : dans la cour, les fenêtres à meneaux et la décoration de frises sculptées de feuilles créent un décor du XVe siècle aussi magnifique que l'hôtel Jacques Cœur, à Bourges. À l'intérieur, grâce au collectionneur Alexandre du Sommerard, des œuvres exceptionnelles sont exposées : mobilier, statues, ivoires, enluminures, et surtout *la Dame à la licorne*, inégalable ensemble à six tentures. La parfaite adaptation de ces collections à leur cadre contribue au plaisir de la visite. Derrière l'hôtel des abbés de Cluny, les thermes gallo-romains remontent au deuxième siècle ; leurs ruines évoquent le souvenir des nautes, corporation puissante sous Julien l'Apostat.

La fontaine de Médicis, au jardin du Luxembourg, a été réalisée pour Marie de Médicis par Salomon de Brosse. La statue de Polyphème s'apprêtant à écraser Acis et Galatée fut réalisée par Ottin en 1863.

Depuis le XVIIe siècle les terrasses et les ombrages du Luxembourg ont toujours attiré les promeneurs. Devant le palais — œuvre classique malgré des décorations d'esprit florentin —, occupé actuellement par le Sénat, un jardin à la française étage ses parterres autour d'un grand bassin octogonal. De beaux arbustes viennent probablement de l'École d'arboriculture, près de la rue Guynemer, où le Luxembourg se transforme en jardin anglais. Les abeilles qui les butinent sont élevées dans le rucher voisin. Car ce jardin reste un univers à parcourir sans hâte, pour découvrir, parmi tant de statues, le monument de Delacroix, admirer le reflet des platanes dans la célèbre fontaine de Médicis, apercevoir en levant les yeux les tours de Saint-Sulpice, le dôme du Panthéon ou la coupole du Val-de-Grâce.

LA DAME À LA LICORNE

Tapisserie de la Dame à la licorne.

Cette tenture composée de six tapisseries, joyau du musée de Cluny, vient du château de Boussac, dans la Creuse. Elle semble être l'œuvre d'artistes flamands comme d'autres célèbres tentures, les *Chasses de Maximilien* ou *David et Bethsabée*, chefs-d'œuvre de la fin du XVe siècle, où l'emblématique médiévale déploie ses mystérieuses richesses. Les cinq premiers tableaux symbolisent les cinq sens. La licorne, animal fabuleux à corne de narval, à tête de chèvre et à corps de cheval, et le lion jouent un rôle important dans deux d'entre eux. Dans *le Toucher*, la licorne, symbole de pureté indiquant la virginité de celle qu'il honore, pose amoureusement ses pattes sur les genoux de la dame qui lui présente un miroir. Quant au lion, qui figure peut-être une présence virile dans cet univers féminin et animal, il regarde le public avec un regard presque humain tout en brandissant les armes de la famille Le Viste, premiers propriétaires des tapisseries. Et la nature, aussi bien sur le fond rouge que sur la petite île bleue où sont groupés les personnages principaux, s'épanouit en mille fleurs, en arbustes tels que houx, chênes, pins et orangers. Des animaux familiers peuplent le paysage, comme le lapin, qui gambade un peu partout (peut-être symbole de la fécondité), un renard qui se glisse sournoisement et un singe gourmand qui s'associe au thème d'une des tapisseries, *le Goût*, en dévorant une fraise. Comparée aux tapisseries mille-fleurs de cette époque, *la Dame à la licorne* fait preuve d'une parfaite maîtrise dans la composition. Les personnages, réduits à trois ou quatre, interviennent avec une grande puissance d'évocation. La couleur rouge du fond donne à l'ensemble une splendeur très aristocratique, ce ton étant réservé aux parures de luxe.

Paris : 27,5 km

Paris : 27 km

POISSY
Yvelines

L'ÉGLISE NOTRE-DAME ABRITE DES
TRÉSORS : TABLEAUX, FONTS BAPTISMAUX
ET DE NOMBREUSES STATUES ANCIENNES,
DONT UN COURONNEMENT DE LA VIERGE
GOTHIQUE RETROUVÉ IL Y A QUELQUES
ANNÉES.

En lisière de forêt de Saint-Germain, Poissy domine de ses deux clochers romans une région envahie par l'industrie automobile. L'église Notre-Dame garde le souvenir de Saint Louis, qui y avait été baptisé et signait souvent son courrier « Louis de Poissy ». Malgré des restaurations successives — en particulier par Viollet-le-Duc —, les tours octogonales sont remarquables, celle qui domine le chevet se réservant le mérite d'une parfaite authenticité. Un portail flamboyant, au sud, annonce la décoration Renaissance de l'intérieur, où les chapelles datent du XVe siècle.

Dans l'une d'entre elles, les fonts baptismaux, protégés d'une grille, sont désormais soustraits à la vénération des pèlerins : pendant des siècles, la pierre en a été grattée et diluée dans l'eau pour guérir la fièvre.

L'abbaye proche de l'église fut dédiée à Saint Louis par Philippe le Bel ; il ne subsiste que le logis d'entrée, flanqué de deux tours. Le musée du Jouet est installé dans ces murs, avec de belles collections de poupées anciennes et de jeux de société.

À Poissy, le porche sud de l'église Notre-Dame a deux portails d'une belle décoration flamboyante. Celui de gauche représente une Annonciation très stylisée, sous la forme d'un vase d'où jaillissent des rameaux.

PONTOISE
Val-d'Oise

« PONTOISE EST ENCORE UNE DE CES
VILLES, SITUÉES SUR DES HAUTEURS, QUI
ME PLAISENT PAR LEUR ASPECT
PATRIARCAL, LEURS PROMENADES, LEURS
POINTS DE VUE [...] ; LES RUES EN ESCALIERS
SONT AMUSANTES À PARCOURIR ; LA
PROMENADE, TRACÉE SUR LES ANCIENNES
TOURS, DOMINE LA MAGNIFIQUE VALLÉE
OÙ COULE L'OISE. » (NERVAL)

Désormais la préfecture du Val-d'Oise se trouve à Cergy, partie moderne de la ville nouvelle de Cergy-Pontoise. Dans la vieille cité, la cathédrale Saint-Maclou domine l'Oise de toute la gloire de sa tour-clocher flamboyante. Elle séduit par bien des détails architecturaux : portails Renaissance, dont l'un fut ouvert dans le chevet de la cathédrale, gargouilles à têtes humaines ou animales. À l'intérieur, les chapiteaux gothiques contrastent avec ceux à têtes sculptées du XVIe siècle, les voûtes à clefs pendantes de la nef avec les voûtes d'ogives primitives du chœur. Parmi les œuvres d'art, dans la chapelle de la Passion, on peut voir un Saint-Sépulcre du XVIe siècle et une Résurrection en bois polychrome. Dans la ville basse, l'église Notre-Dame, de la fin du XVIe siècle, abrite plusieurs trésors des édifices antérieurs, notamment une Vierge du XIIIe siècle, objet de la vénération des Pontoisiens, comme l'attestent les ex-voto de la chapelle votive servant d'entrée à cet ensemble Renaissance, et le tombeau de saint Gautier (fondateur de l'ab-

*Le musée du Jouet à Poissy possède d'exceptionnelles collections.
Certaines pièces exposées sont d'une grande originalité, comme ce théâtre
de marionnettes allemandes en papier mâché, datant de 1840,
et qui jouait des pièces fort violentes uniquement
réservées aux adultes.*

baye de Saint-Martin, détruite), dont le gisant constitue un très bel exemple de la statuaire du XII⁰ siècle.

Pontoise est riche également de deux musées. Le musée Tavet, installé depuis 1892 dans un magnifique hôtel de la fin du XV⁰ siècle, l'hôtel d'Estouteville, organise de nombreuses expositions qui présentent de façon attrayante les œuvres des collections constituées essentiellement par M. et Mme Tavet. Mais c'est surtout le fonds d'art moderne et contemporain qui caractérise ce musée, depuis qu'a été déposée en 1968 la donation Freundlich. Peintre allemand installé en France dès 1908, Otto Freundlich est l'un des meilleurs représentants du mouvement abstrait-construit des années 30. Ce fonds, exposé en permanence, s'enrichit d'œuvres du XX⁰ siècle.

Le musée Pissarro (annexe du musée Tavet) est situé dans un quartier pittoresque, qui domine le fleuve, à l'emplacement de l'ancien château. Inauguré en 1980 pour le cent-cinquantième anniversaire de la naissance de

Le musée Tavet est installé à Pontoise dans un magnifique hôtel du XV⁰ siècle, comme en témoigne cette porte. Le fonds du musée est extrêmement riche en œuvres allant du Moyen Âge jusqu'à l'époque contemporaine.

Camille Pissarro, ce musée, qui lui est dédié, organise également chaque année plusieurs expositions avec le souci de révéler au public des artistes moins connus, mais de grande qualité, ayant habité la région.

Saint-Ouen-l'Aumône, de l'autre côté de l'Oise, conserve encore les vestiges de l'abbaye de Maubuisson ; une partie de ce monastère cistercien évoque six siècles d'histoire religieuse, parfois marquée par des scandales. De belles salles voûtées — dont la salle capitulaire —, une grange à dîmes aux nobles proportions ont échappé aux destructions de la Révolution.

CAMILLE PISSARRO À PONTOISE

Au musée Pissarro de Pontoise, pointe sèche de Pissarro.

Né en 1830 à Saint-Thomas, aux Antilles, Camille Pissarro a peu représenté sur ses toiles son île natale. Pontoise et ses environs, la région de Gisors, puis Moret, Dieppe et Paris seront ses sources privilégiées d'inspiration tout au long de sa vie. De 1866 à 1869, il s'établit à Pontoise, où il séjournera ensuite bien souvent, passant ainsi plus de quinze ans dans cette ville. Après un séjour à Louveciennes, puis à Londres, il revient en 1872 à Pontoise, et s'installe dans le quartier de l'Hermitage. Cézanne, venu le retrouver, travaille à ses côtés et y apprend, sous ses conseils, la peinture claire. Pissarro retrouve fréquemment ses amis peintres à Paris, avec lesquels — Monet est l'un des plus proches — il échange bien des idées. Ensemble ils fondent la Société anonyme des artistes peintres, sculpteurs et graveurs et exposent chez le photographe Nadar, pour manifester leur indépendance par rapport aux Salons. Pissarro y présente plusieurs toiles peintes à Pontoise et à Louveciennes. Le musée qui lui est consacré depuis 1980 organise plusieurs fois par an des expositions de ses amis peintres ayant travaillé dans la région. Les 1 500 tableaux que Pissarro avait laissés en quittant Louveciennes en 1870 pour aller se réfugier en Angleterre, ont été détruits par l'envahisseur prussien. Une cinquantaine seulement ont échappé au désastre. L'un d'eux, *Péniches à La Varenne* (vers 1864), a été acquis par le musée, qui a par ailleurs constitué une collection de gravures et de dessins, très souvent exposés. La plupart des œuvres de Pissarro font partie des collections de musées étrangers, certaines, provenant notamment du legs Caillebotte, sont au musée d'Orsay, d'autres appartiennent à des collections privées. Les collections du musée Pissarro s'enrichissent régulièrement : elles comptent ainsi des œuvres de Signac, de Ludovic Piette, de Boggio, de Hayet, etc. L'association des Amis de Camille Pissarro est propriétaire d'archives relatives à Pissarro. Elle a constitué également une bibliothèque d'ouvrages concernant cette période de notre histoire de l'art.

Paris : 34 km

ABBAYE DE PORT-ROYAL-DES-CHAMPS
Yvelines

« CE PORT-ROYAL EST UNE THÉBAÏDE, C'EST UN PARADIS ; C'EST UN DÉSERT OÙ TOUTE LA DÉVOTION DU CHRISTIANISME S'EST RANGÉE. [...] C'EST UN VALLON AFFREUX, TOUT PROPRE À INSPIRER LE GOÛT DE FAIRE SON SALUT... »

Dans cette lettre de madame de Sévigné, l'épithète *affreux* suggère l'effroi que tout « désert » suscite au XVIIᵉ siècle. Pour nos contemporains, le vallon du Rhodon — affluent de l'Yvette — a désormais la puissance d'évocation de lieux tragiques. De l'abbaye cistercienne du XIIᵉ siècle, restaurée par les « messieurs » de Port-Royal et les religieuses, il ne reste que les fondations bordées par de beaux arbres. Près des Granges, petites écoles où enseignaient ces messieurs au haut de la colline, on peut imaginer le chemin des Cent Marches monté ou descendu par de saints hommes en méditation. En bas, sur la route de l'abbaye, quelques marches et une croix arrêtent le promeneur : c'est là que les religieuses venaient prier et travailler, selon une règle très stricte remise en vigueur par l'abbesse Angélique Arnauld ; l'endroit s'appelait « la Solitude ». En 1709, Louis XIV, inquiet de l'influence du jansénisme sur les esprits, fit raser ce qu'il assimilait à un foyer de sédition d'inspiration calviniste. Quelles que soient les querelles théologiques de l'époque — où se mêlait tant de politique —, Port-Royal reste le refuge où le jeune Racine

a appris à écrire, aussi bien à la lumière des Grecs et des Latins — traduits par Lancelot — que de la Bible. C'est lui que l'on cherche au musée du Jansénisme, dans l'ancien château des Granges, au cimetière de Magny-le-Hameau, où tant de jansénistes furent enterrés pour être ensuite jetés dans une fosse commune près de l'église de Saint-Lambert-des-Bois. Ces modestes paroisses de campagne conservent le souvenir de la famille Arnauld, de Pierre Nicole, théologien, de M. Hamon, médecin des pauvres et théologien, de l'abbé de Saint-Cyran, directeur de conscience des religieuses, de Lemaistre de Sacy, traducteur de la Bible... Quant à Pascal, l'auteur des *Provinciales*, il hante à jamais la ferme des Granges. Sa sœur Jacqueline était religieuse à l'abbaye, et il a fait lui-même bien des séjours à Port-Royal. Philippe de Champaigne, qui a peint deux des religieuses en un tableau célèbre, comptait sa fille parmi ces saintes femmes. Mauriac a écrit : « Le vallon de Port-Royal est un lieu sacré entre les lieux sacrés. »

RACINE À PORT-ROYAL

Né en 1639 à La Ferté-Milon, Jean Racine se trouve orphelin à quatre ans, confié à son grand-père, qui a déjà une de ses filles à Port-Royal. À la mort de celui-ci, sa veuve — grand-mère du poète — va aussi se retirer chez les religieuses ; de 1646 à 1660, le petit Jean suit donc l'enseignement des messieurs de Port-Royal aux Granges, tout en restant sous la tutelle féminine de sa tante et de sa grand-mère. Puis il entre au collège à Paris, mais continue à aller à Chevreuse chez son oncle Vitart. Il ne perd vraiment contact avec Port-Royal que vers 1663, quand il fréquente les acteurs de la troupe du Marais et mène une vie jugée scandaleuse par sa famille. Lorsque Nicole, sous un pseudonyme, attaque les dramaturges, il se sent visé et lui répond sur un ton acerbe. C'est la brouille avec un de ses maîtres. C'est seulement après l'échec de *Phèdre*, en 1677, qu'il revient, repentant, vers ceux qui l'ont élevé. Il se marie, a sept enfants. Il ne cesse désormais de défendre les jansénistes persécutés, écrivant une histoire de Port-Royal, saluant *les Provinciales* comme un haut fait : « L'enjouement de M. de Pascal a plus servi à votre parti que tout le sérieux de M. Arnauld. » Par testament il demande à être enterré à Magny-les-Hameaux près de son maître M. Hamon. Cela a été fait selon sa volonté. Au moment de la profanation du cimetière par les mousquetaires du roi, son corps a été transporté à Saint-Étienne-du-Mont.

C. Bibollet-Top

*L'*abbaye de Port-Royal reste un haut lieu de l'histoire religieuse, même s'il n'en subsiste que quelques pierres et un site émouvant délimité par un carré de tilleuls. Là où se dressait le chœur, un oratoire-musée a été construit en 1891, modeste chapelle entourée de beaux arbres.

Paris : 85 km
Montmirail : 45 km

PROVINS
Seine-et-Marne

« J'HABITE LA MONTAGNE
QUI DOMINE PROVINS
OÙ THIBAUT DE CHAMPAGNE
GRAVA SES DOUX REFRAINS... »
(CAROLINE ANGELBERT)

Cette petite sous-préfecture a été, du temps des comtes de Champagne, une cité prospère, fière de ses foires internationales. Sa population la situait juste après Paris et Rouen. Avec sa Ville-Haute, avec la tour César et la collégiale Saint-Quiriace qui, éclairées la nuit, en été, se voient de Saint-Loup-de-Naud, elle reste une des plus belles cités champenoises. Si, après le mariage de sa dernière comtesse avec Philippe Le Bel en 1284, la ville perdit son autonomie, elle a conservé les témoins de sa grandeur passée. Il suffit de prendre la rue de Jouy, de la tour César à la porte de Jouy, pour constater la permanence des traditions rurales : de puissantes fermes ouvrent leurs cours entourées de bâtiments, et leurs caves voûtées du XIIe siècle, où, au moment des foires, on logeait les voyageurs, servent désormais de salles de fête. D'autres salles voûtées sont aujourd'hui transformées en musée, comme la Grange-aux-Dîmes, où sont organisées des expositions dans les trois superbes

R. Mazin-Top

Cette magnifique charpente a été ajoutée au XVIe siècle à la tour César qui, dès le XIIe siècle, dominait de sa puissante stature la Ville-Haute de Provins.

Les remparts de Provins sont comparables à ceux de Carcassonne ; leur authenticité permet de revivre le temps des comtes de Champagne et d'admirer les positions clefs de la défense, comme cette tour aux Engins, avec son système compliqué d'escaliers destinés à dérouter l'assaillant.

pièces superposées qui servaient aux moines à engranger le tribut du paysan. En échange de cet impôt, la population était nourrie, en cas de siège, avec les réserves accumulées par le pouvoir régulier. Souvent alors les souterrains permettaient à l'armée d'effectuer des sorties en prenant l'ennemi à revers. Comment ne pas imaginer ces armées face à face pendant des mois, quand on admire les remparts, en partie conservés, les portes de Jouy et Saint-Jean, la tour aux Engins, dont les escaliers compliqués déroutaient l'assaillant ? Les fossés profonds ajoutent encore à la hauteur des murailles, si difficiles à escalader et soumises au tir des arbalétriers : des meurtrières subsistent encore dans plusieurs tours. Autour de la tour César, une plate-forme, surnommée par dérision le « Pâté aux Anglais », date d'un épisode de la guerre de Cent Ans : elle fut construite par un capitaine qui avait réussi à s'installer dans la place et avait décidé de se protéger ainsi de la population provinoise ! Le donjon à base carrée domine toute la Ville-Haute de ses étages octogonaux, flanqué de quatre tourelles rondes. De son sommet, on peut contempler Provins dans la splendeur de ses toits de tuile et constater que, même en Ville-Basse, bien peu d'entre eux opposent encore la vivacité des coloris modernes aux douceurs des roses anciens. Quant à la charpente de la tour, ajoutée au XVIe siècle pour soutenir le toit à huit

LES FERMES EN ÎLE-DE-FRANCE

L'Île-de-France a toujours été autour de la capitale une région de grande culture, parfois d'élevage. Dans les parties les plus pauvres, comme le Gâtinais oriental, les fermes se trouvaient dans les villages. La plupart d'entre elles — quand elles ont été conservées — sont transformées en résidences secondaires ou en restaurants. Dans les plaines aux riches alluvions, comme la Brie, dans le Hurepoix, presque déjà beauceron, au sud d'Étampes, les fermes sont isolées, souvent immenses, avec leurs bâtiments encadrant la cour. Ces forteresses de l'agriculture — qui étaient fortifiées quand elles ont été construites au Moyen Âge — ont encore de beaux toits, des pigeonniers, des maisons de maître aux nobles dimensions. Une grande porte cochère surmontée d'un toit de tuiles plates, parfois d'un grenier aménagé où logeait le contremaître, donne toujours passage aux machines agricoles. À Villeconin et aux alentours, dans la région du Hurepoix appelée « la Petite Beauce », les fermes rivalisent en splendeur avec les châteaux. Quand ce ne sont pas des châteaux transformés en fermes, comme à Brière-les-Scellés. Recenser ces merveilleux ensembles, qui se situent entre le XIIe et le XVIIe siècle, se révèle impossible, tant leur nombre est grand. Dans les villages aussi, mais plus rarement, demeurent de belles cours flanquées de tours, comme à la ferme fortifiée de Saint-Cyr-sous-Dourdan, où les bâtiments constituent avec la vieille église un ensemble très féodal. Parfois, un fermier entretient pieusement un vieux donjon faisant partie d'un site historique comme à Crouy-sur-Ourcq ; un autre accepte de faire visiter les ruines d'une abbaye située sur son domaine, comme, à Château-Landon, la chapelle de Saint-André. Aussi imprévues pour le touriste, les fermes de la Ville-Haute, à Provins, séduisent par une austérité toute médiévale. Cette cité que l'on aurait pensée endormie sur son passé cultive au-delà de ses remparts le blé, la betterave et le tournesol.

R. Mazin-Top

EN HAUT : *Détail d'une maison de la Ville-Haute avec ses poutres en bois sculptées d'une inscription.* EN BAS : *Vieilles maisons dans une rue de la Ville-Haute. Elles ont conservé leur caractère avec leurs beaux toits de tuile, le premier étage en avancée et les bornes devant les portes. La population de cette partie de Provins reste très rurale.*

pans, elle enchevêtre ses poutres de châtaignier en un si beau travail que l'œil ne se lasse
pas d'en analyser l'harmonie.

Cette citadelle donnait dès le XIIᵉ siècle un
aspect militaire à la Ville-Haute. Pourtant, là,
comme en Ville-Basse, bien des clochers son-
naient les offices. De ces édifices il ne reste
que Saint-Quiriace, imposante collégiale
commencée au milieu du XIIᵉ siècle par Henri
le Libéral et jamais terminée, probablement
faute d'argent en ces temps de croisades. Le
très large chœur, appuyé sur de forts piliers
encore romans mais déjà à voûtes d'ogives,
se prolonge par une nef tronquée. Le clocher,
écroulé au XVIIᵉ siècle, a été remplacé par un
dôme visible de toute la campagne avoisi-
nante. C'est là que Thibaut IV de Champagne
fut baptisé en présence du roi de France, son
suzerain. Dans ce sanctuaire, est apparu pour
la première fois la voûte octopartite à quatre
arcs d'ogives, dans la travée droite du chœur,
entraînant la création de l'arc-boutant, indispensable appui extérieur de cette invention.
La belle pierre jaune, mise en valeur par une
rénovation récente, donne de l'éclat à ce cadre
magnifique, utilisé, en été, pour de nombreux
concerts. Car Provins ne cesse d'ouvrir ses
portes au public, pour dévoiler des merveilles
longtemps ignorées. Son musée de la Maison
romane prépare l'ouverture de nouvelles
salles. La Société d'histoire et d'archéologie
présente actuellement, dans cette authentique
maison du XIIᵉ siècle, de très riches collections :
statues de bois, dont plusieurs polychromes
des XVᵉ et XVIᵉ siècles, objets traditionnels tels
que bâtons de corporations, portraits de personnages provinois, dont certains tristement
célèbres comme le bourreau Sanson..., auxquels s'ajouteront des incunables et autres précieux ouvrages ornés d'enluminures.

Cet itinéraire artistique, de rue en rue, de
musée en musée, de maison à colombage en
maison en pierre de taille, se recommande du
passé. Pour le passage des comtesses de Champagne, on jetait autrefois des pétales de rose,
cette églantine rouge rapportée par Thibaut
le Chansonnier des croisades et qui s'épanouit
encore dans les roseraies de la Ville-Basse. Les
poètes, des trouvères médiévaux à ceux du
XIXᵉ siècle, ont choisi cette fleur comme allégorie, chantant ainsi leur dame avec une certaine préciosité, selon la mode courtoise de
la *fine Amor*. Dans le caveau du Saint-Esprit,
salle basse de l'ancien hôpital, non loin de la
porte de Jouy, pestiférés et lépreux soignés
par les sœurs du Saint-Esprit, au retour de
Terre sainte, laissèrent la place à des hôtes
bien différents. Des cours d'amour s'y sont
déroulées, où s'illustrèrent Thibaut le Chansonnier et Guyot de Provins. Plus près de nous,

R. Mazin-Top

L'église Saint-Ayoul, en Ville-Basse, abrite plusieurs chefs-d'œuvre.
Cette statue de la Vierge a le gracieux visage, la chevelure bouclée des dames de la Renaissance.
Elle se tient les mains sagement jointes, un chapelet à sa ceinture. Ses pieds reposent
sur un ange aux joues rebondies et au sourire malin. On attribue à Germain Pilon
cette représentation très élégante de la mère du Christ.

dans une maison aux abords de Saint-Quiriace, Caroline Angelbert tint un salon littéraire fréquenté par Victor Hugo, Balzac, Lamartine...

La Ville-Basse a bien des titres de gloire que les poètes n'ont pas manqué de célébrer. Elle possède notamment un avantage sur sa rivale des hauteurs : l'eau de deux petites rivières, coulant un peu partout entre les vieilles maisons, se laissant oublier puis reparaissant. Ainsi, Hégésippe Moreau, qui passa son enfance à Provins, décrit sa Voulzie :

« S'il est un nom bien doux, fait pour la poésie,
Oh ! dites, n'est-ce pas le nom de la Voulzie ?
La Voulzie, est-ce un fleuve aux grandes îles ?
Non,
Mais avec un murmure aussi doux que son nom,
Un tout petit ruisseau coulant visible à peine ;
Un géant altéré le boirait d'une haleine. »

Et d'autres poètes, de la même époque, comme Pierre Dupont, ont chanté « les sources du Durteint ». Ces cours d'eau charriant paresseusement des plantes vertes font le charme de la Ville-Basse, incitant à la flânerie. Et, comme en Ville-Haute, un toit à forte pente, à chaque coin de rue, annonce une maison médiévale, dont les façades à pans de bois ont gardé toute leur originalité.

Bâtie sur un marais, la Ville-Basse est plus difficile à défendre que la citadelle ; aussi lui fallut-il des remparts, dont il reste peu de fortifications. Ses origines, plus religieuses que militaires, semblent liées aux reliques de saint Ayoul, enterrées à l'emplacement de l'actuelle église par des religieux fuyant les Normands. Construite par Thibaut III, incendiée, rebâtie au XIIe et au XIIIe siècle, remaniée aux XIVe et XVIe siècles, Saint-Ayoul fait partie des richesses les plus chères aux Provinois.

Son portail aux statues mutilées rappelle celui de

*D*ans l'église Saint-Quiriace à Provins, au sommet de la Ville-Haute, ce guerrier semble se recueillir avant de donner l'assaut dans ces combats particulièrement meurtriers du XIIe siècle, époque de la collégiale.
R. Mazin-Top.

Saint-Loup-de-Naud pour sa partie centrale, rare privilège si on en juge par ce qu'il reste du tympan. À l'intérieur, les boiseries, sculptées au XVIIe siècle par Pierre Blasset, attirent le regard sur la chapelle de la Vierge. Un retable, une très belle Pietà polychrome du XVIe siècle, au fond du bas-côté gauche, des statues d'albâtre d'une grande finesse d'expression — deux anges musiciens du XVIe siècle — constituent une collection digne d'un musée. L'église Sainte-Croix a d'autres titres de gloire, car elle était destinée à abriter une relique de la vraie croix rapportée par Thibaut IV. D'abord de style gothique, elle a été en grande partie reconstruite au XVIe siècle à la suite d'un incendie. Un joli portail de style flamboyant et, à l'intérieur, des clefs de voûtes très ornées témoignent de ces remaniements. L'église Notre-Dame, dont il ne reste qu'une belle tour gothique, où grimpe le lierre, est traversée par la rue et évoque davantage une porte de ville qu'un édifice religieux. Au contraire, le couvent des Cordelières, construit en dehors des remparts, garde jalousement son mystère : la Fondation qui s'y est installée n'ouvre ses portes qu'une ou deux fois l'an pour que l'on puisse admirer le cloître, qui date de Thibaut le Chansonnier.

Cependant, le plus grand mystère de Provins demeure dans ses souterrains, même si l'on peut aisément en faire la visite. L'entrée se trouve au pied de la rue Saint-Thibaut, qui mène à la Ville-Haute, dans l'ancien hôtel-Dieu. Une salle voûtée à trois nefs conduit au réseau des caves de la Ville-Haute. On ignore toujours leur usage. Des signatures, des emblèmes ésotériques sont inscrits sur les murs. Une salle d'initiation maçonnique rappelle la présence très active des sociétés secrètes à Provins. Le plus intéressant, dans cette vieille cité aux nobles monuments, ne serait-il pas ce qu'elle cache ? Dans *Pierrette*, Balzac écrivait : « Le juge suppléant frappait alors de sa canne le sol de la Ville-Haute, et s'écriait : — Mais ne savez-vous donc pas que toute cette partie de Provins est bâtie sur des cryptes ? — Cryptes ! — Hé bien ! oui, des cryptes d'une hauteur et d'une étendue inexplicables. C'est comme des nefs de cathédrales, il y a des piliers. » L'étendue de ces caves n'a permis qu'une exploration partielle du réseau.

PAGES SUIVANTES
Les parterres de Rambouillet sont à la française autour du château ; ils datent de Fleuriau d'Armenonville, propriétaire du domaine avant le comte de Toulouse, au début du XVIIe siècle.
C. Bibollet-Top.

BIJOU BAROQUE POUR JOUER AUX NYMPHES

Au milieu du jardin anglais dessiné par Hubert Robert dans le parc de Rambouillet, c'est pour distraire sa belle-fille, la princesse de Lamballe, jeune et jolie veuve, que le duc de Penthièvre fit bâtir une délicieuse « folie », vraie fausse chaumière dissimulant une élégante rotonde tapissée de coquillages.

La préciosité de l'ornementation, si étonnante sous la rusticité de l'extérieur, illustre bien ce raffinement d'esprit baroque à une époque qui annonce déjà le romantisme. Dôme, corniches, glace, corbeilles, cheminée, pilastres : tout est fait de coquillages et d'éclats de marbre et de nacre, assemblés minutieusement par d'habiles artisans en 1775. De Dieppe on fit venir les coquilles Saint-Jacques pour la frise, les huîtres des guirlandes et les nacres de la glace ou du plafond. Les plages de Bretagne fournirent les ormeaux aux reflets d'argent et c'est Nogent-sur-Seine qui livra les moules de rivière aux subtiles nuances de bleu (ci-dessous, à droite). Sont exotiques néanmoins les strombes roses qui couronnent les cassolettes ornant les niches. Nulle fontaine ou jet d'eau dans ce salon nacré au sol revêtu d'un parquet de chêne, aux fenêtres peintes en faux bois de rose. C'est l'architecte Paindebled qui réalisa cette précieuse et fragile merveille. On apprend dans *les Cabinets d'histoire naturelle au XVIIIᵉ siècle* que le duc de Penthièvre, ayant hérité du cabinet du château de Sceaux conçu par le comte d'Eu, où l'on avait recueilli l'ancien cabinet des coquillages de Louis XIV, imagina sans doute la féerique idée de la chaumière des Coquillages pour Rambouillet.

Fut également créé pour ce salon un mobilier sur mesure comprenant quatre canapés et huit chaises de bois peint en vert et en rose, avec des pieds sculptés en faisceaux de roseaux et un dossier orné de coquillages et de perles en trompe-l'œil. En harmonie avec cette atmosphère de fraîcheur, une table à dessus de marbre ornait le milieu du salon.

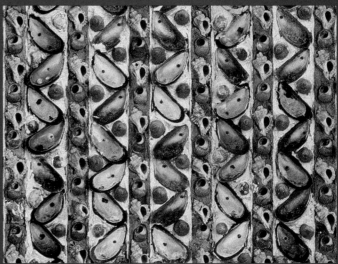

Quatre niches sont occupées par de grandes corbeilles ornées de somptueux coquillages (ci-contre) se détachant sur des scories vertes. Mutilées par les Prussiens en 1871, elles ont été restaurées avec la chaumière en 1955.

La coupole repose sur huit pilastres cannelés (600 coquilles de bigorneaux et de moules par pilastre environ), coiffés de chapiteaux ioniques (haliotides et huîtres). Le scintillement des nacres contraste avec les coquilles sombres pour former un étonnant assemblage décoratif.

Paris : 53 km
Versailles : 27 km

RAMBOUILLET
Yvelines

CE CHÂTEAU DÉSORMAIS VOUÉ AUX FASTES DES CHASSES ET AUX RÉCEPTIONS OFFICIELLES, OÙ UN ROI EST MORT, A ÉTÉ AU XVIIᵉ SIÈCLE UNE IMAGE DU PAYS DU TENDRE.

Que serait Rambouillet sans son château et sans sa forêt, et que serait son château sans les femmes qui l'ont embelli d'un décor raffiné et animé de leur présence ? Déjà, à l'extérieur, la tour massive du XIVᵉ siècle passe inaperçue dans l'édifice flanqué de tours beaucoup plus « féminines » ajoutées par le comte de Toulouse, fils naturel de Louis XIV. La forteresse où François Iᵉʳ est mort s'est transformée en un ensemble construit en équerre, si bien entretenu au milieu de son parc si fleuri que son charme agit infailliblement. Qui songerait à se plaindre de son manque d'unité ? Catherine de Vivonne, épouse de Charles d'Angennes et marquise de Rambouillet, a su en faire une demeure recherchée pour son cadre — la salle des Marbres atteste le goût de la propriétaire — et pour l'esprit de la maîtresse de maison. Au XVIIIᵉ siècle, sous Louis XV, l'épouse du comte de Toulouse attire le roi à Rambouillet par sa séduction. Sous Louis XVI, la princesse de Lamballe obtient de son beau-père, le duc de Penthièvre, des embellissements bien dans le goût d'une époque éprise de bergeries et de chaumières souvent plus littéraires que rustiques. La chaumière des Coquillages fait preuve d'un luxe intérieur assez insolite. Le décor reconstitue une sorte de boudoir : plafond de nacre, murs composés de roses et de diverses fleurs séparées par de délicates colonnes doriques, cheminée... le tout en coquillages qu'il a fallu des années pour assembler. Une porte, savamment dissimulée, donne accès à un salon de toilette aux fines boiseries peintes de scènes champêtres. De chaque côté de la glace, des niches s'ouvraient et des automates sortaient, l'un pour présenter le parfum, l'autre la poudre... À côté de telles inventions, la laiterie de Marie-Antoinette semble bien modeste. La première pièce, avec sa table ronde en marbre où l'on devait poser de superbes pots à lait, n'a plus son équipement d'époque ; dans les niches, ni statues, ni cruches... La deuxième pièce — celle qui servait de rafraîchissoir — a encore le charme d'une grotte artificielle. Une statue de nymphe en marbre, accompagnée de la chèvre Amalthée, évoque la jeunesse de Jupiter nourri, selon la légende, par cet animal cornu. L'eau coulait d'une fontaine. Ce type de nymphée

*Rambouillet n'a plus rien de la forteresse où François Iᵉʳ est mort.
Le domaine où les présidents de la République chassent et invitent des hôtes de marque
est si bien fleuri, les jardins si bien entretenus que cette demeure royale semble habitée.
Le fils naturel de Louis XIV, le comte de Toulouse, n'a pas nui à l'ensemble en ajoutant
des tours qui de loin transforment le château en résidence de plaisir.*

C. Bibollet-Top

EN HAUT : *La salle à manger de Rambouillet est décorée de tapisseries des Gobelins.*
L'exotisme de la scène représentée par François Desportes est bien dans l'esprit du XVIIIᵉ siècle. Comment
ne pas apprécier la façon dont ce peintre a rendu des animaux peu familiers au public français de son époque ?
EN BAS : *Cette salle à manger, en plus de ses tapisseries des Gobelins, a le privilège de posséder*
un des plus grands tapis d'Aubusson d'époque Napoléon III qui existe en France.

fut introduit en France dès la Renaissance. À Marie-Antoinette il devait faire oublier les fastes du château, qu'elle appelait méchamment « la crapaudière ». À côté de cette laiterie, un pavillon se visite avec pour principal attrait une pièce ronde décorée de grisailles en trompe-l'œil. Des amours jouent au jeu des quatre saisons, thème choisi par le peintre Sauvage. La reine venait se reposer là ; le roi, qui avait acheté le château au duc de Penthièvre, devait, quant à lui, préférer les appartements aux boiseries et aux tapisseries somptueuses que fuyait son épouse. D'autres souverains ont séjourné à Rambouillet. Depuis Félix Faure, en 1897, les présidents de la République chassent dans cette belle forêt et habitent le château ; souvent ils y reçoivent des hôtes de marque.

Le parc à la française date de Fleuriau d'Armenonville, propriétaire du domaine juste avant le comte de Toulouse. Des canaux reflètent des arbres magnifiques, surtout devant le château où ils forment des îles. Des charmilles mènent, à gauche, à une allée de cyprès de Louisiane, des cyprès chauves qui perdent leurs feuilles en hiver, composant une allée unique en Europe. La pièce d'eau du Rondeau est entourée d'autres arbres, hauts et tutélaires, plus sauvages que du temps de Le Nôtre. Quant au jardin anglais autour du pavillon des Coquillages, il déploie tout un réseau de petits bras d'eau artificiels dont la couleur verte rivalise avec les frondaisons.

RAMPILLON
Seine-et-Marne

Paris : 70 km
Nangis : 4,5 km

« LE VAISSEAU DE PROPORTIONS IMPOSANTES, LE CLOCHER AU TOIT EN DOUBLE BÂTIÈRE, LA TOUR DES TEMPLIERS, QUI FLANQUE LE MONUMENT, COMPOSENT UN ENSEMBLE DES PLUS REMARQUABLES QUI PARAÎT ÉGARÉ SUR UN TERRE-PLEIN DÉSERT... » (B. CHAMPIGNEULLE)

On ne peut qu'être frappé, en effet, par cette église du XIIIe siècle montant la garde au sommet d'une butte, au-dessus de la Brie, telle un château fort. Elle faisait partie d'une commanderie de Templiers brûlée par les Anglais en 1432. C'est par miracle que les sculptures du portail, « dignes d'une cathédrale », ajoute Bernard Champigneulle, ont résisté à tant de massacres, sans trop de dommages, alors que nombre de cathédrales doivent à Viollet-le-Duc la plupart de leurs statues extérieures ! Au tympan le Christ-Juge et au linteau la Résurrection des morts voisinent avec les douze apôtres. L'intérieur de l'église contraste, par sa nudité de haute nef gothique, avec l'extérieur, si trapu, et contient un retable du XVIe siècle et plusieurs statues anciennes, dont une Vierge polychrome du XIVe siècle et un Christ en bois. Les dalles funéraires des Templiers, décorées d'une simple croix, rivalisent avec celles des chevaliers de Malte par leur sobriété.

C. Bibollet-Top.

PAGES SUIVANTES
L'église de Rampillon a conservé intactes les sculptures de son portail du XIIIe siècle. Le saint du trumeau pourrait être saint Éliphe, patron de la paroisse ; à droite six apôtres. Les petites scènes au-dessous alternent de façon très vivante épisodes de la vie du Christ et travaux saisonniers.
R. Mazin-Top.

PAGE DE GAUCHE : *Cette grotte artificielle, ou nymphée, fait partie de la laiterie de Marie-Antoinette, décorée pour la reine par Julien. Une nymphe semble sortir de l'eau, la main appuyée sur la chèvre Amalthée, célèbre pour avoir nourri Zeus enfant.*
CI-DESSUS : *La salle de bains de Napoléon Ier est décorée par Vasserot dans l'esprit antique. Le cygne de cette fresque semble menacer un animal fabuleux à tête d'aigle impérial. L'Empereur appréciait le symbolisme de ces deux animaux, s'identifiant à l'un et assimilant à l'autre sa compagne, qu'il s'agisse de Joséphine ou de Marie-Louise.*

Paris : 70,5 km
Vernon : 13 km

LA ROCHE-GUYON
Val-d'Oise

« C'EST UN VILLAGE À PEINE SORTI D'UNE ENFANCE TROGLODYTE, AVEC UNE ÉGLISE TOUT BONNEMENT CREUSÉE ET TAILLÉE DANS LA CRAIE. »

Jacques Perret ajoute que Boileau « trouvait au coin d'un bois le mot qui l'avait fui ». À Haute-Isle, en effet, à un kilomètre de La Roche-Guyon, l'écrivain classique venait séjourner chez son neveu. Dans cette vallée de la Seine encaissée entre une falaise de craie et une berge boisée, il se laissait aller à son inspiration. Une ferme en ruine, aux beaux toits à la Mansart, signale encore le lieu de ses séjours. Le fermier utilise les grottes creusées dans la craie comme bâtiments. Les « boves » constituent, en effet, une des curiosités de la région. Le château des La Rochefoucauld, au centre du village de la Roche-Guyon, conserve également des boves, transformées en chapelle. La tradition troglodytique du pays reste vivante et la vieille demeure féodale s'accroche à la falaise. Un donjon en ruine domine un ensemble composite auquel six siècles ont apporté leur contribution : les tours crénelées du XIIIe siècle contrastent avec un corps central Renaissance et avec une partie droite du XVIIIe siècle. De belles écuries, également du XVIIIe siècle, ferment la cour d'honneur défendue des regards indiscrets par une noble grille aux armes des La Rochefoucauld. Actuellement, cette demeure, riche de souvenirs littéraires, ne se visite pas, et la chapelle souterraine, où Lamartine écrivit une de ses *Méditations*, reste interdite. Le château semble prisonnier du village pittoresque qui l'enserre. Des maisons anciennes, bien rénovées, font le charme de ce bourg à rues escarpées, niché entre la falaise et le large fleuve. L'église à clocher gothique date de la Renaissance ; elle abrite les souvenirs d'une famille, et notamment le tombeau de François de Silly. Un Christ en bois entouré de deux Saintes Femmes mérite également de retenir l'attention du visiteur.

ROSNY-SUR-SEINE
Yvelines

Paris : 61 km
Mantes-la-Jolie : 6 km

« TOUR À TOUR ABEILLE OU HIRONDELLE, CASTOR OU LAPEREAU, FAÇONNANT, OUVRAGEANT, VIREVOLTANT, CABRIOLANT, ELLE DÉPLOYAIT À ROSNY UNE INTENSE ACTIVITÉ, TANTÔT FÉCONDE, TANTÔT FORMELLE. »

Dans *le Secret de Marie-Caroline*, Jacques Dinfreville évoque ainsi le rôle qu'a joué la duchesse du Berry dans la mise en valeur de Rosny. Elle fit, en effet, terminer les ailes de ce château laissé inachevé par le ministre d'Henri IV, Sully, qui avait manifesté ainsi son chagrin après l'assassinat de son roi. Mais, en 1840, un nouveau propriétaire fit abattre l'œuvre de l'effervescente Marie-Caroline, rendant cette belle demeure de style Louis XIII aussi classique que peut l'être un édifice en brique et pierre de la fin de la Renaissance. Cependant, la terrasse et plusieurs pièces du château manifestent encore le goût de cette princesse pour les arts, qui la poussa à collectionner de superbes tapisseries, des tableaux et un mobilier signés de noms illustres. Ainsi, dans la chambre de la duchesse, les dessus de portes sont d'Hubert Robert. Quant à la chambre de Sully, elle reste comme au temps du ministre, avec son plafond à solives peintes. Le parc, redessiné par

...njon féodal, ...ant la Seine, ...ui de La ...Guyon, bâti ...au XIIe siècle.
Top.

R. César-Top

Au pied du donjon de La Roche-Guyon, les La Rochefoucauld ont bâti en six siècles un château imposant. Dans cet ensemble composite, les écuries, du XVIIIe siècle, ont conservé toute leur pureté de lignes. Le cheval cabré sculpté au fronton fait paraître celui qui broute sur la pelouse bien paisible par contraste !

Isabey dans le style anglais, conserve des allées et des broderies de buis à la française. La statue de Sully, qui accueille les visiteurs sur la route de Mantes, vient de Versailles.

On peut retrouver encore le souvenir de la duchesse de Berry à l'hospice Saint-Charles, à l'entrée de Rosny, près de l'ancien chemin du lac de Guernes. Pour commémorer le souvenir de son mari, tué par Louvel, la duchesse fit bâtir une chapelle de style néoclassique. L'hospice autour de la chapelle circulaire manifeste la charité de cette veuve illustre dont les activités politiques ont été si discutées.

ABBAYE DE ROYAUMONT
Val-d'Oise

Paris : 40 km
Chantilly : 10 km

« DÈS LE COMMENCEMENT QUE IL VINT À SON ROYAUME [...] IL COMMENÇA À ÉDIFIER MOUSTIERS ET PLUSIEURS MAISONS DE RELIGION. ENTRE LESQUELS L'ABBAYE DE ROYAUMONT PORTE L'HONNEUR ET LA HAUTESSE. » (JOINVILLE : *VIE DE SAINT LOUIS*)

Non loin de la forêt de Carnelle, au centre de celle du Lys, l'abbaye de Royaumont fut construite par Saint Louis pour honorer un vœu de son père Louis VIII. Autour de son très beau cloître, tous les éléments destinés à la vie des moines de Cîteaux — cisterciens appliquant la règle bénédictine selon saint Bernard — s'organisaient en une pure architecture gothique. À la Révolution, l'église abbatiale a été détruite, et seule une tourelle nord se dresse encore vers le ciel. Des restes de colonnes et des ogives s'accrochant au mur du cloître donnent une idée des proportions de ce géant. Le cloître et le réfectoire sont bâtis à la même échelle. Saint Louis aimait se retirer là et participer à la vie des moines. Le mont Cuimont, devenu par sa volonté « mont Royal », n'est guère élevé, mais il continue à dominer l'Île-de-France. Depuis l'achat de ce bien par Henri et Isabel Gouïn, Royaumont a retrouvé une partie de sa vocation. La Fondation Royaumont Gouïn-Lang pour le progrès des sciences de l'homme organise des séminaires d'une notoriété internationale, mais aussi des concerts dans l'ancien réfectoire. L'abbaye a repris vie, même si l'on ne prie plus à l'ombre de ses murs. Le réfectoire et les anciennes cuisines abritent les œuvres d'art réunies par H. et I. Gouïn : Vierges en bois, souvent polychromes, tapisseries, documents sur l'abbaye. Une Vierge allaitant, du XIVe siècle, est exposée dans la superbe cuisine à deux nefs. Elle a échappé

R. Cesar-Top

aux destructions de la Révolution. Le geste de l'Enfant saisissant le sein de sa mère, le drapé du lange et du manteau de la Vierge font de cette statue un trésor d'une grande rareté. La Vierge et l'Enfant ornent aussi le tympan de la porte du réfectoire des convers. Autre reste d'une abbaye qui devait être fort riche, le tombeau d'Henri de Lorraine, maréchal de France, illustre la puissance du sculpteur Coysevox. Ce tombeau avait trouvé refuge à l'église d'Asnières-sur-Oise, à quelques kilomètres de là, église des XIIe et XIIIe siècles remarquable par son clocher octogonal et ses stalles du XVe siècle. Quant à l'église de Viarmes, elle détient encore le maître-autel provenant de l'abbaye. Sur la place du village, la mairie occupe un château au péristyle dorique et au fronton aux nobles trophées ; là habitait au moment de la Révolution le marquis de Travannet, qui accepta la destruction de l'abbaye et la reconversion de certains bâtiments en filatures de coton tout en utilisant ses plus belles pierres pour sa propre demeure.

R. Cesar-Top

À GAUCHE : *L'abbaye de Royaumont, fondée par Saint Louis, a conservé quelques pures ogives comme celles qui se reflètent dans cette eau tranquille, dominées par des étages ajoutés au XIXe siècle. La Révolution de 1789 a, cependant, emporté dans sa tourmente bien des pierres d'un des plus puissants monastères de l'ordre de Cîteaux.*
À DROITE : *La collection d'objets d'art rassemblés par Henri et Isabel Gouïn transforme Royaumont en un authentique musée médiéval, comme en témoigne cette sainte Catherine d'Alexandrie du XVe siècle.*

Paris : 10 km

RUEIL-MALMAISON
Hauts-de-Seine

« MALMAISON N'EST QU'UN SOUPIR.
TOUT S'Y COURBE, S'Y DÉSOLE
A LA DOUCE FAÇON CRÉOLE. »
(ANNA DE NOAILLES)

Depuis l'ouverture du musée de l'Empire à Fontainebleau, Malmaison s'est spécialisé en devenant le musée du Consulat et de la famille Beauharnais. La personnalité de Joséphine se révèle avec toutes ses facettes dans presque chaque pièce de ce château construit au XVIIᵉ siècle : coquetterie de cette femme qui changeait de toilette dix fois par jour, goût pour les arts et la nature... En témoignent le salon de musique, sa chambre, le mobilier, souvent de style « Retour d'Égypte », moins imposant que le style Empire. Les têtes de sphinx des fauteuils signés Jacob, les cols-de-cygne du lit de l'impératrice correspondent aux deux emblèmes du couple uni par l'amour et désuni par l'ambition ou la raison d'État.

Les souvenirs de Bonaparte ont une égale puissance évocatrice, notamment dans la salle Marengo, son beau portrait par Gros et le *Bonaparte* de David, à l'allure déjà si romantique, éphèbe monté sur un cheval emballé, et prêt à traverser les Alpes au Grand-Saint-Bernard, exploit rappelant celui d'Hannibal. Le héros fut si satisfait de son portrait qu'il le fit exécuter quatre fois par David. Une autre esquisse, par le même peintre, le représente plus âgé, général maigre, nerveux et volontaire, fascinant ses interlocuteurs de son regard de jeune aigle doutant de lui-même. Dans d'autres pièces, l'homme d'État se manifeste avec plus d'apparat que de sensibilité, par exemple dans la salle du Conseil, en forme de tente, imaginée par les architectes Percier et Fontaine. Au premier étage, plusieurs salles d'exposition abritent des objets d'un grand luxe décoratif : des porcelaines de Sèvres et, en particulier, la *Table d'Austerlitz*, un des rares souvenirs du temps de l'Empereur, avec des médaillons le représentant ainsi que ses maréchaux au cours de la célèbre bataille, chef-d'œuvre de porcelaine et de bronze.

La famille de Joséphine, ses enfants — Eugène et Hortense —, les enfants d'Hortense et de Louis Bonaparte — leur fils sera Napoléon III —, est également présente. Des bustes — parfois par Canova —, des tableaux évoquent Laetitia Bonaparte et tous ses fils que l'Empereur a fait rois... On comprend pourquoi Napoléon aimait se reposer à Malmaison pour échapper aux fastes des Tuileries, de Fontainebleau, de Saint-Cloud. Même après son divorce d'avec Joséphine, il revint dans cette propriété d'architecture extérieure fort simple, mais si riche à l'intérieur de son histoire. Dans le parc, un cèdre, planté après la victoire de Marengo, étend encore son ombre de géant. Des essences rares et, à la saison d'été, des roses dignes de Redouté — dont Joséphine appréciait les ouvrages de planches botaniques — attirent les amateurs. La superficie du parc, bien réduite depuis la vente d'une partie du terrain par Eugène de Beauharnais, permet pourtant une promenade agréable. À quelques centaines de mètres, le parc de Bois-Préau mène à un château moderne, annexe du musée.

D'importants souvenirs de Napoléon à Sainte-Hélène y sont présentés. Plusieurs salles sont consacrées au petit roi de Rome, encore présent par son berceau, ses jouets et ses livres.

L'entrée de Malmaison a été remaniée par Percier et Fontaine en 1800 ; le corps principal du XVIIᵉ siècle disparaît sous les divers aménagements de style Directoire, telle cette véranda, imitant une tenture, qui forme le vestibule.

Du côté du jardin anglais, le château de Malmaison se pare d'une grâce féminine, avec sa pièce d'eau et ce cygne évoquant Joséphine de Beauharnais, dont c'était l'animal préféré.

C. Bibollet-Top

PAGES SUIVANTES
La chambre de Joséphine, à Malmaison, a été refaite à l'identique. Des tentures mettent en valeur le décor en rotonde de cette chambre où l'ex-impératrice a passé sa dernière nuit.
C. Bibollet-Top.

SAINT-ARNOULT-EN-YVELINES
Yvelines

Paris : 51 km
Rambouillet : 14 km

LE SAINT ENTERRÉ DANS LA CRYPTE SOUS
LE MAÎTRE-AUTEL A DONNÉ SON NOM À CE
JOLI VILLAGE PERCHÉ ENTRE DEUX FORÊTS.

À Saint-Arnoult-en-Yvelines, le plafond à poutres sculptées de l'église déploie un merveilleux décor de fruits et de fleurs.

En sortant de la forêt de Dourdan, avant d'arriver à celle de Rambouillet, comment ne pas remarquer ce clocher à grosse tour carrée flanquée d'une petite tour ronde ? Son originalité est à l'image de tout l'édifice, où trois styles se mêlent sans jamais se nuire. Le portail roman de la façade, coiffé d'une fenêtre gothique flamboyant, donne accès à une nef à la belle charpente à entraits sculptés. Des restes de peintures murales, dont une Résurrection du Christ, sont encore visibles sur les piliers d'entrée du chœur.

L'ensemble a plus de charme que bien des églises de campagne, et surtout plus de richesse décorative. Pourtant, le principal attrait de Saint-Arnoult réside dans son aspect de village, malgré la splendeur inattendue de certaines maisons telle celle du n° 9 de la Grande-Rue, de pur style Renaissance.

SAINT-CLOUD
Hauts-de-Seine

Paris : 2,5 km

« ON DEVRAIT LA GARDER COMME UN
POMPÉI DE LA DESTRUCTION ! »

Cette exclamation de Théophile Gautier, après l'incendie de la petite ville par les Prussiens en 1871, n'a pas été écoutée. Saint-Cloud a été reconstruite et bien peu d'édifices évoquent encore son passé, riche en personnages de premier plan, de saint Clodoald à Bonaparte, sans oublier Monsieur, frère de Louis XIV et bien d'autres qui apprécièrent ces vastes espaces verts sur la rive gauche de la Seine. L'église Saint-Clodoald, rebâtie au XIX siècle, domine un vieux quartier aux rues escarpées, où quelques maisons sont antérieures à l'incendie de 1871. Le reste de la ville est de construction récente. Saint-Cloud, pour la plupart des Parisiens, reste un parc de promenade, parc dessiné par Le Nôtre et resté tel que l'a voulu le grand paysagiste. La Grande Cascade, longue de 90 m, est une superbe composition due à Lepautre et à Hardouin-Mansart. Lors des Grandes Eaux, deux dimanches par mois à la belle saison, elle ruisselle de vasque en bassin pour finir dans la basse cascade et faire rejaillir le torrent à l'infini jusqu'au pied du parc. Les statues allégoriques de la Marne et de la Seine — œuvres d'Adam — contemplent ces jeux d'eau où l'homme a concurrencé la nature. Le Grand Jet ne manque pas non plus de puissance, à l'intérieur d'une sorte de salle de verdure. Le pavillon de Breteuil ferme la perspective du côté de Sèvres ; cet ancien trianon du XVIII siècle est occupé par le Bureau inter-

Du château de Monsieur, frère de Louis XIV, il ne reste plus à Saint-Cloud qu'un parc dessiné par Le Nôtre, possédant un magnifique ensemble de pièces d'eau du XVII siècle et des parterres hantés d'ombres illustres. Au-dessus de la Grande Cascade, le bassin du Fer à cheval et la terrasse aux arbustes taillés marquent l'emplacement d'une demeure qui a toujours été un haut lieu de l'histoire.

national des poids et mesures et ne se visite que sur autorisation. De l'autre côté, la perspective s'étend jusqu'à l'autoroute, vers Garches. La terrasse marque l'emplacement du château détruit ; des parterres se déploient ensuite jusqu'au rond-point des vingt-quatre jets ; un Tapis vert conduit à une autre pièce d'eau — la Grande Gerbe —, et l'allée se poursuit à travers le parc. Ce petit Versailles, amputé de son château, a encore bien des séductions, et chaque accident de terrain est savamment utilisé pour le plaisir de l'œil. De la terrasse, la vue sur Paris présente la capitale dans un superbe écrin de verdure.

SAINT-DENIS
Seine-Saint-Denis

Limitrophe de Paris, au nord

« SAINT-DENIS, C'EST UNE BASILIQUE PEUPLÉE D'INCOMPARABLES TOMBEAUX ROYAUX. C'EST AUSSI UNE GIGANTESQUE ABBAYE DU XVIIIᵉ SIÈCLE, AFFECTÉE À LA PRINCIPALE DES MAISONS D'ÉDUCATION DE LA LÉGION D'HONNEUR. »

C'est ainsi qu'Yvan Christ salue, en 1981, l'ouverture d'un musée dans le couvent du XVIIᵉ siècle, le carmel, où se retira Louise, fille du roi Louis XV. Désormais toute

À la basilique Saint-Denis, le tombeau de François Iᵉʳ et de Claude de France est l'œuvre de Bontems. Ce gisant de la reine accuse avec réalisme les traits amaigris de l'épouse du roi de France.

Sous la Renaissance, les tombeaux des rois de France représentaient les souverains deux fois : leur statue en costume d'époque située au-dessus du monument contrastait avec le dépouillement des gisants de l'intérieur, comme si l'artiste insistait sur l'égalité de tous les mortels devant Dieu.

145

l'histoire de la ville, sauvée de l'oubli, est évoquée avec beaucoup de talent par les responsables du musée. D'une salle à l'autre, le visiteur se familiarise avec l'archéologie et la céramique médiévale, découvre l'apothicairerie de l'ancien hôtel-Dieu et s'initie à la vie monastique grâce à la reconstitution des cellules des carmélites... Puis il fait connaissance avec les héros de la Commune, de Louise Michel à Jean-Baptiste Clément — auteur de la chanson *le Temps des cerises*. Des donations d'un intérêt capital, comme celle comprenant 3 800 lithographies de Daumier, des œuvres impressionnistes et postimpressionnistes, comme celle du poète Éluard, né à Saint-Denis, ne peuvent être présentées que partiellement, faute de place.

Plusieurs peintres contemporains, après ceux du XIXᵉ siècle, ont su mettre en lumière la personnalité de cette ville de plus en plus industrialisée, dominée par sa vieille basilique à la forte présence. Ainsi le peintre japonais Oguiss, auquel une exposition a été récemment consacrée, a su rendre, à travers une vision très personnelle de cette cité moderne, l'aspect insolite des maisons et des boutiques d'artisans, presque archaïques.

Dans cette ville de contrastes, l'édifice le plus visité, la basilique, est le témoin de l'Ancien Régime, depuis ses origines mérovingiennes jusqu'aux tragiques événements de la Révolution. De l'église construite par Suger — à l'endroit où aurait été enseveli saint Denis au IIIᵉ siècle — selon le modèle gothique, modèle qui va s'imposer ensuite dans toute l'Île-de-France, il ne reste que les structures : deux tours, dont l'une a perdu ses niveaux supérieurs, et une nef encore fidèle aux conceptions de son architecte Pierre de Montreuil. Louis VII et Suger — premier abbé à avoir célébré les offices en ces lieux de pèlerinage — souhaitaient abriter les foules venues à la fois vénérer le martyr enterré dans la crypte, selon la légende, et les premiers rois de France. Les fouilles ont dégagé une nécropole mérovingienne et les fondations de sanctuaires antérieurs.

Une descente, par quelques marches, dans la seule partie romane de l'église, fait prendre conscience d'une continuité historique que révèle l'archéologie ; continuité entre les premiers martyrs d'une province gallo-romaine évangélisée par saint Denis, évêque de Paris, au IIIᵉ siècle, et les premiers fondateurs d'une dynastie. Le Capétien Louis IX, plus connu sous le nom de Saint Louis, voulut faire représenter tous ses prédécesseurs dans cette nécropole. Dans le transept, les gisants au sourire apaisé contrastent avec les tombeaux les plus spectaculaires de la Renaissance. Dagobert,

considéré comme le fondateur de la basilique au VIIᵉ siècle, a son tombeau dans le chœur, et on ne peut en apercevoir le tympan sculpté que de loin, du croisillon nord. Là, près du portail, le tombeau d'Anne de Bretagne et de Louis XII présente les souverains en costume d'apparat sur la plate-forme supérieure et en gisants, nus, à l'intérieur, sur la dalle du sarcophage. Ce chef-d'œuvre du sculpteur Jean Juste, qui travaillait en collaboration avec toute sa famille italienne, échappe aux conventions, l'artiste ayant cherché la ressemblance. Le tombeau d'Henri II et de Catherine de Médicis a été exécuté par Germain Pilon, qui a réalisé les gisants en marbre — donnant à la reine l'apparence d'une jeune femme — et les statues de la plate-forme en bronze. Vers le croisillon sud, un autre tombeau se signale par sa somptuosité, celui de François Iᵉʳ et de Claude de France, réalisé sous la direction de Philibert Delorme. Non loin de là, une colonne entourée d'angelots portait autrefois le vase contenant le cœur de François II ; la délicatesse de ces anges révèle la main de Germain Pilon dirigé par le Primatice. La basilique abrite encore d'autres trésors qui ont échappé aux profanations de la Révolution en prenant place dans un musée jusqu'à la Restauration.

SAINT-GERMAIN-EN-LAYE
Yvelines

Paris : 18 km

« J'AI TOUJOURS AIMÉ CE CHÂTEAU BIZARRE, QUI, SUR LE PLAN, A LA FORME D'UN D GOTHIQUE, EN L'HONNEUR, DIT-ON, DE LA BELLE DIANE. »

Est-ce le château Neuf que décrit ainsi Gérard de Nerval, celui d'Henri II et d'Henri IV, dont il reste le pavillon Henri-IV, près de la Petite Terrasse ? Pourtant la description convient mieux au château Vieux, surtout lorsque le poète mentionne « le profil sévère du château de François Iᵉʳ » ou l'aspect « moitié galant, moitié guerrier, d'un château fort qui, en dedans, contenait un palais splendide, dressé sur une montagne, entre une vallée boisée où serpente un fleuve et un parterre qui se dessine sur la lisière d'une vaste forêt. » Ce qui fait la beauté de Saint-Germain, c'est le contraste entre l'extérieur, datant, pour les deux premiers étages, de Charles V, avec sa puissante tour, et l'intérieur, aux harmonieuses salles en brique et pierre, mais c'est aussi sa terrasse, qui domine le vieux Paris. Le parterre est celui de Le Nôtre, tracé de main de maître jusqu'aux Loges et respectant la forêt. Seule la partie voisine de la terrasse a été transformée en jardin anglais au XIXe siècle. Faut-il corriger la description un peu fantaisiste de Gérard de Nerval et ajouter que le D gothique serait plutôt un pentagone et que François Ier a surélevé de deux étages en brique et pierre l'austère forteresse ? Mais peut-être vaut-il mieux se laisser gagner par le charme de cette demeure originale et en découvrir la mystérieuse beauté cachée à l'intérieur. La sainte chapelle, construite par le même architecte que la Sainte-Chapelle de Paris, Pierre de Montreuil, contient les portraits de la famille royale, mais elle n'a, hélas, plus ses vitraux.

Le musée des Antiquités nationales, avec ses collections préhistoriques, protohistoriques, gallo-romaines et mérovingiennes, ne pouvait pas trouver pour s'abriter un cadre plus adéquat. Il fallait bien cet immense château pour tant d'objets présentés au visiteur armes, objets quotidiens, squelettes, sarcophages, bijoux, statues et figurines... L'histoire natio-nale depuis l'apparition de l'homme jusqu'à Charlemagne revit dans ces salles magnifiquement organisées. On aimerait s'attarder sur certains objets, telles les « Biches du Chaffaud », gravées sur un os de renne — la plus ancienne œuvre d'art remontant aux environs de 1000 avant J.-C. —, ou telle cette tête de dieu celtique en bronze, trouvée à La Ferté-Alais, avec un torque autour du cou. La partie gallo-romaine, particulièrement riche en statues, illustre à la fois la personnalité de nos ancêtres et l'influence romaine ; et l'on passe ainsi de « l'homme au torque » à Mercure ou à « l'homme à la toge ». Malgré bien des restaurations qui ont souvent fait perdre à la vieille demeure des rois sa personnalité, Saint-Germain reste, par ce musée unique au monde, un haut lieu de résurrection de l'histoire nationale.

LE MUSÉE DU PRIEURÉ

Cet hôpital, édifié à la demande de Mme de Montespan en 1678, a définitivement changé de vocation depuis 1905, quand Maurice Denis, un des théoriciens de l'école nabi, en loua une partie, puis l'acheta. Depuis 1980, le musée ne cesse d'accroître un fonds déjà riche, qui fait connaître ce mouvement lié au symbolisme, aussi important pour la qualité des œuvres présentées que pour son influence sur l'art moderne actuel. Des expositions temporaires permettent chaque année de situer les nabis (ainsi qu'ils se désignaient eux-mêmes selon un mot hébreu signifiant « prophètes ») par rapport aux impressionnistes. Selon les recommandations de Gauguin, qui quitta souvent Pont-Aven et la Bretagne pour rejoindre ses amis à Saint-Germain, ils préconisaient « la couleur pure » ; celle-ci éclate en toute franchise sur leurs toiles : des verts clairs, des bleus et des roses frais... Les personnages se profilent dans la nature avec la netteté d'estampes japonaises, au lieu de se fondre dans le paysage. Au contraire, les impressionnistes peignaient à petites touches volontairement floues, réunissant plusieurs teintes pour créer de loin l'illusion d'une seule couleur. Autre révolution à mettre à l'actif des nabis : l'introduction du rêve et de l'émotion par des élé-ments symboliques. Ainsi le tableau de Paul Sérusier, *Vieille Bretonne sous un arbre*, transmet-il l'idée de la mort grâce à la stylisation du cadre naturel : montagne sombre contrastant avec le ciel presque jaune du couchant, tronc de l'arbre divisé en trois, digitale tenue par la vieille femme dans sa main... Les trois feuilles de l'arbre renvoient également à la notion de trinité, très importante pour les nabis. Parfois, la stylisation se fait plus décorative que religieuse : meubles, paravents, éventails traduisent le goût symboliste pour l'Orient, pour l'exotisme. Dans le tableau de Maurice Denis, *Madame Ranson et son chat*, la femme est une silhouette prenant le thé dans une robe élégante, son chat se frottant à la jupe. Comment ne pas évoquer certains poèmes de Baudelaire et cette féminité féline, présentée par le peintre de façon plus intellectuelle que sensuelle ? Le tableau donne une idée du talent très varié de Maurice Denis, trop souvent assimilé à un peintre uniquement religieux, ce dont témoigne toutefois la chapelle construite pour lui dans la cour du musée, avec ses vitraux, son chemin de croix, ses fresques représentant la famille de l'artiste. D'autres très beaux vitraux, dans les salles du musée, situent leur créateur au sommet de cet art de coloriste.

C. Bibollet-Top

Le château de Saint-Germain-en-Laye reste une demeure féodale par ses étages inférieurs et par ses fossés profonds. François Ier a fait surélever cette forteresse du temps de Charles V et l'a dotée de tourelles rondes. Cet ensemble monumental abrite un musée remarquable où la préhistoire sert d'introduction à une magnifique présentation de la civilisation gauloise. Le musée des Antiquités nationales méritait un cadre à son échelle, créé par Napoléon III, en 1862.

SAINT-LOUP-DE-NAUD
Seine-et-Marne

Paris : 80 km
Provins : 10 km

« C'EST ENCORE LE CHRIST DE CHARTRES QUI INSPIRA LE CHRIST DE SAINT-LOUP-DE-NAUD, PRÈS DE PROVINS, ET LES QUATRE ANIMAUX QUI L'ENTOURENT. »
(ÉMILE MÂLE)

Découvrir en pleine Brie champenoise ce fort clocher carré dominant sa colline, entouré d'absidioles qui prennent appui sur lui, suscite l'étonnement. Dès Courton-le-Bas, l'église impose sa stature romane, aussi convaincante qu'une citadelle, aussi apaisante que le puissant monastère bénédictin dont il ne reste plus qu'une tour, enclavée dans une propriété privée. À son portail, abrité par un porche voûté d'ogives, son patron, saint Loup — qu'on appelait aussi saint Leu —, évêque de Sens au VIIᵉ siècle, accueille les fidèles au trumeau, statue hiératique à la main levée. Toute son histoire est rappelée par les sculptures des voussures. Au tympan, le Christ entouré des quatre « animaux » correspondant aux Évangélistes s'inspire du tympan de Chartres. Dans l'église primitive, on apprenait, en effet, que l'homme (souvent représenté avec des ailes d'ange) était la figure de saint Matthieu, l'aigle, celle de saint Jean, le lion, celle de saint Marc, le bœuf, celle de saint Luc. De chaque côté de la porte, trois personnages au sourire énigmatique introduisent l'initié dans un royaume dont ils semblent déjà connaître les félicités. Ce sont Pierre et Paul, témoins du Nouveau Testament, Salomon, Jérémie et peut-être Moïse, témoins de l'Ancien Testament. La sixième statue représente une femme, la reine de Saba, figure de ce monde païen que le Christ est aussi venu sauver.

Ce portail, miraculeusement préservé, n'a pas eu à subir les restaurations souvent maladroites du XIXᵉ siècle. Il évoque, dans toute son intégrité, l'univers spirituel du XIIᵉ siècle et doit se lire comme un livre mystique. À l'intérieur, le passage du style roman à un style gothique primitif se fait en toute harmonie. Car le chœur et la partie orientale de la nef datent, sauf quelques travées refaites au XIXᵉ siècle, du XIᵉ siècle. Les voûtes, presque toutes en berceau, le transept à peine saillant, surmonté d'une coupole, correspondent au roman le plus pur ; la partie occidentale, vers le portail, s'oriente déjà vers le gothique. Malheureusement, l'église ne possède plus ses fresques originales. Celles qui décorent le chœur ont été faites au XIXᵉ siècle.

SAINT-SULPICE-DE-FAVIÈRES
Essonne

Paris : 40 km
Arpajon : 9 km

LA SURPRISE D'UNE SOMPTUEUSE ÉGLISE DANS UN MODESTE VILLAGE ! PENDANT DES SIÈCLES, LES FIDÈLES SONT VENUS PRIER SAINT SULPICE, ÉVÊQUE DE BOURGES AU VIIᵉ SIÈCLE.

Le premier dimanche de septembre, un pèlerinage a encore lieu dans cette église des XIIIᵉ et XIVᵉ siècles et la chapelle des Miracles — reste d'un ensemble du XIIᵉ siècle — s'éclaire de bien des cierges allumés près des reliques du saint. Tout l'édifice mérite la vénération silencieuse de ses admirateurs, par la hauteur de sa nef, par son transept, par son chœur polygonal beaucoup plus élevé encore. Cette différence de niveau donne au chevet son aspect de vaisseau gothique aux nobles voiles dressées pour le départ. Car c'est d'abord de l'extérieur que l'on doit prendre la dimension de cette église. Ensuite, le portail se signale par la magnificence de son tympan. Le Jugement dernier, représenté en trois scènes, est surmonté par

un Christ entouré de deux anges. Tout comme à Notre-Dame de Paris, la Vierge et saint Jean encadrent cette image d'un Dieu déjà plus humain qu'à Saint-Loup-de-Naud, proche des hommes par la présence de sa mère et de son disciple préféré. À l'intérieur, d'autres œuvres d'art retiennent l'attention, en particulier un somptueux retable du XVIIᵉ siècle figurant la guérison de Clotaire II par saint Sulpice. Des verrières au-dessus du maître-autel et à l'extrémité du bas-côté droit datent de la construction de l'église. Quant aux stalles, leurs miséricordes sculptées sont d'une fantaisie inattendue dans un édifice religieux.

C. Bibollet-Top

CI-DESSUS : *L'église de Saint-Sulpice-de-Favières a le privilège de posséder un chevet digne d'une cathédrale. Une différence de niveau entre le chœur et le reste de cet édifice du XIIIᵉ siècle explique l'ampleur de cette poupe de navire gothique.* PAGE DE DROITE : *Ce retable en bois polychrome du XVIIᵉ siècle représente, dans un esprit assez naïf, la guérison du roi Clotaire II par saint Sulpice. C'est une des richesses de Saint-Sulpice-de-Favières, aux nombreux trésors.*

Piliers verticaux, colonnes parallèles où la silhouette humaine se substitue au support de pierre nue, les statues des ébrasements d'un portail — en ces années charnières du début du XIIᵉ siècle où l'art des bâtisseurs subit de profondes mutations — assument une double fonction : celle, strictement architectonique, de pilastres, mais aussi celle, symbolique, d'avant-porche de la gloire de Dieu. Réalisé vers 1160, alors que le portail Royal de Chartres (1145-1170) est en voie d'achèvement, le portail de Saint-Loup-de-Naud présente un programme iconographique d'une frappante richesse pour une simple église de prieuré champenois, resté l'un des plus précieux édifices romans d'Île-de-France, dont la statuaire figure un rare exemple du tournant de la sculpture entre l'âge roman et le siècle gothique.

Il ne fait pas de doute que le maître sculpteur de Saint-Loup a puisé son style et son inspiration dans le célèbre ensemble chartrain, en plaçant lui aussi au tympan un Christ en gloire entouré d'anges et de symboles évangéliques, thème que prolonge celui de la Vierge et des Apôtres, au linteau, intercesseurs au jour du Jugement dernier. Patron du prieuré et du village (ci-contre, dominé par l'église, vue du sud), saint Loup figure au trumeau, tandis que les statues-colonnes des ébrasements (ci-dessus) donnent vie aux disciples du Nouveau Testament, aux rois et aux prophètes de l'Ancien Testament.

L'ÉTERNEL À VISAGE D'HOMME

L'équilibre serein des postures et des gestes est encore pleinement roman, mais souffle déjà l'esprit gothique. L'immobilité des personnages n'est plus enracinée dans le sol. Elle tend vers le haut, comme un cierge qui brûle sans bouger et vibre dans le regard grand ouvert des statues. Avec leurs drapés hiératiques qui accentuent la verticalité des silhouettes, ces statues-colonnes, comme celles de Chartres, du Mans ou de Bourges, témoignent du bouleversement que subit, au seuil du XIIᵉ siècle, l'univers mental des hommes d'Église. Les écoles de clercs s'ouvrent à de nouvelles conceptions pour lesquelles Dieu n'est plus une vision surnaturelle, au-delà de l'humain, que l'on approche par la voie seule du symbole : il s'agit du Fils de l'homme, avec un corps qui souffre et un visage qui resplendit. Certes, les statues des rois de l'Ancien Testament, que rejoignent celles des prophètes et des apôtres dans une célébration unique de l'alliance entre les deux Lois, demeurent prisonnières du mur, de la colonne dont elles sont issues. Nulle ébauche de mouvement dans ces corps cylindriques, où les gestes des mains et des bras sont figés dans le prolongement parallèle des cannelures des plis et les bordures des étoffes alourdies de broderies et de bijoux. Mais le visage, lui, est vivant. Comme les statues qui naissent sous son ciseau, l'artiste a ouvert les yeux : l'Éternel a pris le visage de l'homme.

La série des « portraits » ci-dessus ne montre que les têtes des statues-colonnes des ébrasements : chaque visage offre une expression différente, grâce au travail des cheveux ou de la barbe, à la manière d'ouvrir grand les yeux ou de tenir les lèvres fermées. Saint Paul (à l'extrême droite) et saint Pierre (à l'extrême gauche) encadrent quatre personnages bibliques qui seraient la reine de Saba et Jérémie à côté du premier, le roi Salomon et Moïse (ou Isaïe) à côté du second.

Au trumeau du portail, une admirable statue de saint Loup prend place sous un chapiteau qui figure un miracle : la pierre précieuse tombée dans son calice alors qu'il célébrait la messe.

Au linteau, la Vierge est assise au milieu des Apôtres abrités par des petits arcs en plein cintre. Enfin, au tympan, comme au portail royal de Chartres, le Christ en majesté est entouré des quatres symboles évangéliques. Image de gloire lumineuse que prolonge, dans la première voussure, des anges munis de chandeliers et d'encensoirs.
L'état de conservation du portail en fait un réel miracle.

Photos : R. Mazin-Top.

Paris : 6 km

SCEAUX
Hauts-de-Seine

« LE PAVILLON DE L'AURORE [...] A UN PLAFOND PEINT À L'HUILE PAR LE BRUN, ET REPRÉSENTANT CETTE DÉESSE AVEC SA SUITE BRILLANTE, QUI ABANDONNE CÉPHALE POUR COMMENCER À ÉCLAIRER L'UNIVERS. » (DEZALLIER D'ARGENVILLE)

Sans vouloir rivaliser avec Versailles, Colbert fit appel pour la construction de son château de Sceaux aux plus grands artistes du siècle de Louis XIV, à la fois ses amis et ses obligés. De l'œuvre architecturale de Claude Perrault — l'auteur de la colonnade du Louvre —, il ne reste que le pavillon de l'Aurore, auquel Mansart a dû participer pour la création de la coupole. À l'intérieur, un plafond de Le Brun représentant le char de l'Aurore peut être admiré à l'occasion des expositions qui font revivre ce petit temple des arts. On raconte que pour la réception de l'Académie française sous cette coupole, le poète Quinault lut un poème de 900 vers consacré à cette fresque mythologique. Un autre édifice du Grand Siècle, l'Orangerie, construit par Jules Hardouin-Mansart, reste fidèle à sa vocation de salle de spectacles : autrefois, on y organisait des fêtes quand les orangers avaient quitté les lieux pour être mis en plein air ; actuellement, des concerts y ont lieu tout l'été et sont très appréciés d'un public parisien et étranger. Ces deux vestiges du château de Colbert permettent d'imaginer les fastes de l'Ancien Régime ; Racine et Lulli n'ont-ils pas composé l'*Idylle de Sceaux* pour une réception de Louis XIV et de Mme de Maintenon ? Plus tard, quand le duc du Maine acheta la propriété, son épouse — petite-fille du Grand Condé — organisa les « Nuits de Sceaux », célèbres pour ses représentations théâtrales, ses illuminations et ses feux d'artifice. Le parc du château a été fidèlement reconstitué d'après les plans de Le Nôtre, son créateur, qui avait tiré parti d'un terrain accidenté pour constituer un ensemble de parterres. Les grandes cascades mènent à un bassin octogonal, devant l'actuel château. Et tout respire la grandeur quand les jets d'eau entrent dans la fête, jaillissant des cascades en dix paliers, s'échappant des mascarons de bronze sculptés par Rodin. Car les artistes qui ont apporté leur concours à la reconstruction du domaine se sont montrés dignes de Coysevox et de Girardon, premiers sculpteurs à avoir travaillé pour Colbert. (Coysevox est l'auteur des animaux, le dogue et la licorne — emblèmes du fidèle ministre —, qui accueillent le visiteur à l'entrée du château.) Quant aux statues des Nations soumises, de Desjardins, rapportées de la place des Victoires, elles font honneur à l'art classique. Le grand canal, bordé de peupliers, évoque par sa taille celui de Versailles et achève de faire de cette promenade un miraculeux retour au passé. Miraculeux, en effet, si l'on pense aux désastres de la Révolution, lorsque Sceaux fut vendu, le château de Perrault rasé, les parterres labourés ! Au XIXᵉ siècle, le duc de Trévise, nouveau propriétaire du domaine, fit bâtir l'actuel château dans un style inspiré de la Renaissance. Ce nouvel édifice abrite le musée de l'Île-de-France, un des plus importants de la région parisienne et remarquable par ses manifestations culturelles.

LE MUSÉE DE L'ÎLE-DE- FRANCE

Faïence de la manufacture de Sceaux.

Aucun musée n'apporte une contribution aussi complète, aussi indispensable à l'histoire de la province. Six des sept départements autour de la capitale se voient consacrer plusieurs salles au premier étage, les Hauts-de-Seine occupant le rez-de-chaussée et une partie du sous-sol. Les documents qui illustrent les métamorphoses de ces régions particulièrement touchées par l'urbanisation depuis la fin du XIXᵉ siècle sont de premier ordre : gravures, maquettes, et surtout tableaux de peintres de l'époque, aussi connus qu'Hubert Robert au XVIIIᵉ siècle, Corot, le peintre romantique Paul Huet, l'animalier Constant Troyon. Quelques artistes de l'école impressionniste contribuent également à faire revivre pour le visiteur ces paysages d'Île-de-France, souvent menacés par l'industrialisation, voire disparus. Deux peintres du XXᵉ siècle tiennent une place privilégiée grâce à leur donation au musée. Dunoyer de Segonzac, avec des aquarelles et des gravures, manifeste sa passion pour sa province natale, par des paysages, des représentations d'églises comme celles de Triel et de Feucherolles. Fautrier, en revanche, exprime un univers plus intérieur, celui de la souffrance, quand, réfugié à Châtenay-Malabry en 1943, il entendait fusiller les otages. D'autres tableaux de lui, tout aussi symboliques, se réfèrent non à l'actualité mais à l'éternelle nature, celle, par exemple, des *Fruits ouverts*, fruits suggérés par leur couleur et leur forme seulement esquissée. Ce contraste entre l'ancien et le moderne ne manque pas d'attrait pour le visiteur, qui passe d'un peintre aussi moderne que Fautrier aux collections de porcelaines de Sèvres ou de Sceaux, si représentatives d'un faste révolu.

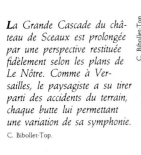

Le château de Colbert a été reconstruit au XIXᵉ siècle par le duc de Trévise ; au XXᵉ siècle, un prestigieux musée de l'Île-de-France s'y est installé. Ce parquet, composé d'une dizaine de bois différents, vient d'une maison du XIXᵉ siècle.

La Grande Cascade du château de Sceaux est prolongée par une perspective restituée fidèlement selon les plans de Le Nôtre. Comme à Versailles, le paysagiste a su tirer parti des accidents du terrain, chaque butte lui permettant une variation de sa symphonie.

C. Bibollet-Top.

Paris : 2,5 km

SÈVRES
Hauts-de-Seine

VILLÉGIATURE DÉSORMAIS BIEN CITADINE,
LIÉE À UN ART TRÈS RAFFINÉ, CELUI DE LA
PORCELAINE DURE, DONT LES MODÈLES
SONT TRÈS RECHERCHÉS DES
COLLECTIONNEURS.

Associer Sèvres à un type de porcelaine, souvent de couleur bleue, aux décors délicats, est courant. Le bâtiment du XIXᵉ siècle qui domine la Seine permet d'évoquer l'aventure technique de la céramique dans le monde entier et plus particulièrement la découverte, vers 1770, de procédés pour concurrencer l'Allemagne, déjà connue pour ses porcelaines dures. En bordure du parc de Saint-Cloud, un musée existe depuis 1824. L'ancienne manufacture est désormais occupée par l'École normale, mais, dans un local proche du musée, les ouvriers sont toujours au travail, copiant l'ancien, inventant de nouveaux modèles de style moderne... Il est plus fréquent d'ignorer le souvenir laissé à Sèvres par deux personnages. De Balzac, il est vrai, la villa des Jardies conserve bien peu le souvenir ; son successeur, Gambetta, ministre de l'Intérieur et de la Guerre en 1870, a effacé le passage de l'auteur de *la Comédie humaine* dans cette maison où un petit musée retrace la carrière de l'homme d'État et sa vie quotidienne dans cette localité.

TAVERNY
Val-d'Oise

Paris : 24 km

L'ÉGLISE, DRESSÉE À FLANC DE COTEAU, CÉLÈBRE ENCORE, PAR SA MAGNIFICENCE FLAMBOYANTE, LA GLOIRE DE GRANDS BÂTISSEURS, LES MONTMORENCY.

C'est, en effet, Anne de Montmorency qui a laissé son souvenir dans cette église commencée au XIIIᵉ siècle, remaniée au XVᵉ et restaurée par Viollet-le-Duc. Son retable est une magnifique œuvre de pierre où les armes de France se mêlent à celles du connétable. Des pierres tombales, au fond de l'église, permettent d'évoquer l'histoire de cette famille du Moyen Âge à la Renaissance. D'autres œuvres d'art retiennent l'attention du visiteur comme la tribune des orgues du XVIᵉ siècle avec ses treize panneaux en bois sculpté évoquant la vie de saint Barthélemy.

LA PORCELAINE DE SÈVRES ET LE MUSÉE DE LA CÉRAMIQUE

Le musée se propose d'exposer dans ses salles du rez-de-chaussée et du premier étage tout ce qui concerne la céramique. La porcelaine correspond à un chapitre important de cette histoire artistique et les salles consacrées aux productions de Sèvres au XVIIIᵉ et au XIXᵉ siècle permettent de situer le style français par le contraste entre les modèles exceptionnels présentés et les spécimens de porcelaine dure étrangers, des saxes par exemple. Avant le règne de Louis XV, la seule porcelaine qui se faisait à Sèvres suivait la tradition de la pâte tendre, déjà mise à l'épreuve à l'ancienne Manufacture de Vincennes. En 1770, la découverte d'un gisement de kaolin dans le Limousin révolutionna la production de céramiques cuites à haute température ; le prix de revient s'abaissa ; l'or, le bleu, le rose dominèrent nettement dans la gamme des couleurs décoratives. Sous l'Empire, l'ex-manufacture royale prit de l'expansion. Le musée donne aussi une grande place aux faïences : faïences françaises de toutes les époques, de toutes les régions, faïences de Delft, si célèbres en Europe par leur camaïeu bleu, faïences islamiques et hispano-mauresques... une grande variété d'objets, du plat au pot de pharmacie, ornés de tableaux, de personnages ou d'animaux.

Le musée national de Céramique de Sèvres présente des pièces uniques, telle cette assiette incrustée de camées d'un service, réalisé pour l'impératrice Catherine II de Russie.

Lauros-Giraudon

Paris : 45 km
Mantes-la-Jolie : 16 km

THOIRY
Yvelines

DANS SA RÉSERVE AFRICAINE, DES ANIMAUX EXOTIQUES VIVENT EN SEMI-LIBERTÉ, TANDIS QUE DES ÉMEUS, DES CIGOGNES, DES FLAMANTS ROSES PARCOURENT UN JARDIN À L'ANGLAISE, ŒUVRE DE VARÉ, ET UN PARC DESSINÉ PAR LE NÔTRE.

Thoiry, c'est surtout un très harmonieux château, avec un pavillon central Renaissance aux hautes fenêtres, flanqué de deux pavillons ajoutés au XVIIIᵉ siècle, reconnaissables par leurs fenêtres à la Mansart. En réalité, cette partie centrale, imaginée en 1564 par Philibert Delorme, a déjà le style Louis XIII et une pureté de lignes classique. Sa construction, orientée selon la règle d'or des Templiers, la met sous le signe du Soleil : en effet, celui-ci se lève ou se couche dans l'axe du grand vestibule aux solstices d'été et d'hiver. La famille qui depuis quatre siècles possède cette vaste propriété lui a donné le charme des endroits habités. Plusieurs salons, comme le salon Blanc ou le salon Vert, rivalisent avec certains musées par un mobilier signé Boule, par des tapisseries des Gobelins, des tableaux de Largillière, grand portraitiste de la fin du règne de Louis XIV. L'escalier d'honneur et le grand vestibule ne manquent pas de noblesse, dans cet ensemble où tout est mis en valeur. Thoiry ne cesse d'offrir à ses visiteurs de nouvelles activités, tel ce musée de la Gastronomie — ouvert en 1980 — rassemblant planches, gravures et textes sur les plaisirs de la table.

Le pavillon central de Thoiry, œuvre de Philibert Delorme, en 1564, a déjà un style classique qui s'harmonise bien avec les pavillons ajoutés au XVIIIᵉ siècle.

Paris : 33,5 km
Poissy : 6 km

TRIEL-SUR-SEINE
Yvelines

CE BOURG, AU PIED DES HAUTEURS DE L'HAUTIL, DOMINE LA SEINE ; SON ÉGLISE A ÉTÉ IMMORTALISÉE PAR LE PEINTRE DUNOYER DE SEGONZAC.

Cette église, selon le point de vue, se présente sous des aspects assez différents. De loin, elle séduit comme une église de campagne, entourée de quelques vieux toits, solidement appuyée à la colline boisée ; c'est ainsi que Dunoyer de Segonzac l'a fixée pour la postérité. De près, elle se fait plus imposante, avec son chemin de ronde au-dessus de ses larges fenêtres. Un portail flamboyant du XVᵉ siècle, sur le flanc droit, a des vantaux de la Renaissance. Car, au cours des âges, nef et bas-côtés du XIIIᵉ siècle s'étant révélés insuffisants pour accueillir la foule des fidèles, un bas-côté fut ajouté à droite et plusieurs chapelles à gauche. Quant au chœur, il est le résultat d'une hardiesse de l'architecte : au XVIᵉ siècle, on décida de le prolonger en passant au-dessus de la route. La montée naturelle du terrain et quelques marches pour rétablir le niveau ont permis ce tour de force. La

C. Bibollet-Top

À Thoiry, le salon Vert témoigne du goût des propriétaires qui ont rassemblé là tant de beaux meubles et de tableaux de maîtres. Le visiteur se trouve ainsi accueilli dans un cadre authentique de l'Ancien Régime.

différence des styles, à l'intérieur, s'explique par cette construction en trois étapes. Des vitraux du XVIᵉ siècle font la gloire de ce chœur, déjà remarquable par sa crypte et l'originalité de sa disposition.

ABBAYE DES VAUX-DE-CERNAY
Yvelines

Paris : 42,5 km

NON LOIN DE CETTE ABBAYE CISTERCIENNE,
UN AFFLUENT DE L'YVETTE,
LE RU DE CERNAY, S'ÉTALE
POUR FORMER DES ÉTANGS,
JAILLIT EN CASCATELLES DANS UN
ÉTRANGE PAYSAGE DE ROCHERS.

Ce monastère, fondé au XIIᵉ siècle par les moines de Savigny au milieu d'une nature tourmentée, produit une forte impression avec les quelques bâtiments qui subsistent encore. L'église abbatiale n'a plus qu'une façade — dont les deux portails et la rose ont résisté à bien des outrages —, une amorce de chœur, un bas-côté. C'est assez pour évoquer l'époque de Simon de Montfort. La pierre tombale de ce dix-septième abbé, célèbre pour sa lutte contre les albigeois, se trouve encore exposée parmi d'autres dans le collatéral. Le réfectoire des moines, belle salle divisée en deux par des chapiteaux sculptés, suscite l'admiration du visiteur.

VAUX-LE-VICOMTE
Seine-et-Marne

Paris : 55 km
Melun : 5 km

« IL ME FIT VOIR EN SONGE
UN PALAIS MAGNIFIQUE,
DES GROTTES, DES CANAUX,
UN SUPERBE PORTIQUE,
DES LIEUX QUE POUR LEURS BEAUTEZ
J'AUROIS PÛ CROIRE ENCHANTEZ,
SI VAUX N'ESTOIT POINT AU MONDE. »

Le surintendant Fouquet sut s'entourer d'artistes pour saluer la réalisation en cinq ans de ce palais, miracle dû à un triumvirat : Le Vau, architecte, Le Brun, décorateur, Le Nôtre, paysagiste. Dans *le Songe de Vaux*, La Fontaine chante les mérites de ces lieux enchantés, de ces jardins où cascades et bassins évoquent des nymphes, de ces plafonds à fresques qui traduisent si bien l'esprit classique épris de mythologie ! Dans le salon

des Muses, le Sommeil, peint par Le Brun, semble correspondre exactement au Morphée du texte poétique. Les actuels propriétaires ont su rendre à Vaux sa splendeur, offrant aux visiteurs, deux samedis par mois, le plaisir des jets d'eau et, tous les samedis d'été, une visite aux chandelles... Les parterres, avec leurs broderies de buis, sont la première réalisation de cette importance de Le Nôtre. Les statues ne sont pas aussi nombreuses qu'au temps de Fouquet, Louis XIV ayant transporté beaucoup d'entre elles à Versailles ; celles qui restent près du château ont la grâce des divinités champêtres, amours joufflus portant des paniers de fruits que l'on peut préférer aux caryatides de Legendre et Girardon disposées autour de la salle elliptique, sous la coupole, ou à la Renommée de Thibaut Poissant qui orne le fronton de l'entrée. Le miracle de Vaux est né de

M. Desjardins-Top

Au château de Vaux, le royal ensemble conçu pour le surintendant Fouquet saisit d'admiration. Les découpes de cet escalier d'honneur conduisent à des parterres magnifiques. Les lions, comme toute la statuaire imaginée par Le Vau et Le Brun, s'intègrent naturellement à ce poème de pierre, d'eau et d'arbres, trois éléments qui, à Vaux, s'associent pour faire oublier l'aspect monumental de l'architecture.

EN HAUT : *La façade sud de Vaux-le-Vicomte s'ordonne comme un décor de théâtre : corps central à dôme flanqué de pavillons massifs, prolongés de communs plus bas qui allègent le château en rééquilibrant les proportions. Les parterres jouent également leur rôle sur la scène, leurs lignes horizontales compensant les verticales des bâtiments.* EN BAS : *Vaux a séduit les contemporains de Fouquet et sa statuaire répond à ... goût pour les thèmes mythologiques, tel ... « Enlèvement d'Eur...*

l'union de ses nobles proportions à la grâce presque féminine des détails. Peut-être doit-il également son charme à la chaude beauté de la pierre qui prend des tons jaunes au soleil, aussi réussie dans ses harmonies à la française que les marbres du grand roi à Versailles. Les communs, de part et d'autre du château, sont en brique et pierre. Les propriétaires actuels en ont tiré parti en présentant dans ce cadre un musée des Équipages, avec une collection de carrosses et d'attelages et des personnages en costume d'époque. Un restaurant, aménagé selon le meilleur style traditionnel, est installé pour les visiteurs soucieux de prolonger cette halte chez le surintendant du Roi-Soleil. Car Vaux n'est pas seulement une riche demeure aux immenses salons décorés de tapisseries des Gobelins, de mobilier d'apparat ; c'est aussi l'univers gargantuesque de ses cuisines, aménagées au sous-sol à la fin du XIXe siècle, des cuisines où règnent des ustensiles de cuivre aux reflets fauves, dignes de Vatel, l'illustre maître-queux du Grand Siècle.

LOUIS LE VAU

Avant de s'attaquer à Versailles, cet architecte travailla pour le jeune Louis XIV à Vincennes, au Louvre à la cour Carrée, où Perrault ne tarda pas à lui succéder, aux Tuileries. Cet artiste rigoureux semble avoir eu le génie d'adapter ses œuvres à des palais déjà conçus par d'autres. À Vincennes, il intègre harmonieusement les pavillons du Roi et de la Reine à une enceinte médiévale. Au Louvre, il prend la succession de Pierre Lescot, de Lemercier et de tous ceux qui ont œuvré à cette immense demeure royale. À Versailles enfin lui incombe la tâche délicate de créer un écrin pour le pavillon de chasse en brique et pierre de Louis XIII, que le Roi-Soleil entend conserver pieusement. Cette gaine de marbre, très romaine, avec sa galerie, ses colonnes et ses statues, coïncide avec la prise de pouvoir d'un roi décidé à gouverner. À Vaux-le-Vicomte, Le Vau crée de toutes pièces un palais, et réussit si bien que Louis XIV décide qu'il ne travaillera plus que pour lui.

Lors de grandes occasions, le château de Vaux offre aux visiteurs la féerie de soirées aux chandelles. Dans la bibliothèque, meubles et tableaux composent un décor familier ; le feu crépite dans la cheminée, sous le portrait équestre de Louis XIV jeune homme. Les livres réunis par les Choiseul-Praslin, propriétaires du château au XVIIIe siècle, attirent les regards par les ors éteints de leur reliure.

Paris : 15 km

VERSAILLES
Yvelines

« CE QU'IL VEUT, C'EST LE CALME
ET C'EST LA SOLITUDE,
LA PERSPECTIVE AVEC L'ALLÉE
ET L'ESCALIER,
ET LE ROND-POINT, ET LE PARTERRE
ET L'ALTITUDE
DE L'IF PYRAMIDAL
AUPRÈS DU BUIS TAILLÉ. »

Ces vers d'Henri de Régnier évoquent un parc insolite, de solitude et de silence, celui de Versailles à 8 heures du matin ou bien le soir quand les touristes ont quitté les lieux. Le palais symbole de la monarchie, avec ses innombrables pièces — plus de deux cents depuis l'aménagement des nouveaux appartements — royalement meublées comme autrefois, sait retrouver les fastes d'antan. Des spectacles sont donnés sur le bassin de Neptune, les Grandes Eaux se déploient le dimanche de juin à octobre, et le château redevient ainsi celui de Louis XIV, qui aimait tant les fêtes données dans le cadre de verdure imaginé par Le Nôtre. Le promeneur peut aussi retrouver le passé royal de Versailles dans un bassin, une statue, un parterre comme au temps où, selon la volonté du roi, on changeait les décorations florales plusieurs fois par jour. En dehors de la très grande perspective est-ouest — du bassin de Latone au Grand Canal —, les perspectives latérales permettent d'agréables échappées vers des bosquets, vers des pièces d'eau moins touristiques que celles de la ter-

R. Mazin-Top.

R. Mazin-Top

CI-DESSUS : *Les parterres d'eau reflètent le château de Versailles, et les statues exécutées par les meilleurs sculpteurs de l'époque symbolisent fleuves et rivières de France.* EN HAUT : *La grille d'honneur, reconstituée par Louis XVIII et restaurée en 1955, porte fièrement l'emblème du Roi-Soleil, énigmatique figure de fer forgé doré brillant de tous ses feux.*

PAGES SUIVANTES
Le bassin d'Apollon, à l'extrémité du Tapis Vert, est décoré d'un magistral groupe en plomb représentant le dieu conduisant son quadrige.
R. Mazin-Top.

rasse devant le château. Ainsi, vers le nord, les bassins de Flore et de Cérès évoquent ces déesses du Printemps et de l'Été ; et, en flânant du côté sud, on découvre les deux autres saisons près des bassins de Bacchus et de Saturne, dieux de l'Automne et de l'Hiver, dont les statues en plomb ont été réalisées d'après des projets de Le Brun.

Plus la peinture dorée qui les recouvre est ancienne, plus leur patine a de charme et mieux ils s'intègrent au décor naturel.

Au nord, un autre bassin exprime puissamment un mythe cher à l'Antiquité : la révolte des hommes contre les dieux. Encelade, son torse sortant des rochers du bassin, brandit une pierre ; selon la légende, Athéna, pour le punir d'avoir attaqué l'Olympe, l'aurait enseveli sous l'Etna !

D'autres éléments du parc s'inscrivent dans la vie quotidienne de la Cour. L'orangerie du Roi-Soleil, qui se trouve placée en contrebas, est encadrée par deux escaliers de cent marches chacun. De ces degrés, le point de vue sur le jardin, devant le bâtiment à un seul étage réalisé par Hardouin-Mansart, garde toute sa beauté. Ce damier d'arbustes — orangers, palmiers, lauriers roses —, disposés régulièrement, évoque encore trois siècles d'un mode d'existence raffiné. Ces traditions sont maintenues par les actuels jardiniers. Vu d'avion, le potager du roi, où autrefois la Quintinie s'efforçait de satisfaire un monarque fort délicat, ressemble à un jardin à la française, fruits et légumes s'organisant encore en armée soumise aux ordres de Le Nôtre. Rien n'est laissé au hasard dans cet univers classique. Vu de la cour comme du parterre, le château

EN HAUT : *Ce groupe d'enfants au geste gracieux joue dans les Grandes Eaux près des premiers parterres du château.*
CI-DESSUS : *Le bassin de Bacchus, œuvre des frères Marsy, symbolise l'Automne ; le dieu du Vin est représenté, selon la tradition, en pleine vendange.* PAGE DE DROITE : *Latone, mère de Diane et d'Apollon, ses illustres enfants serrés contre elle, invoque Jupiter au centre du bassin qui porte son nom.*

reste parfaitement symétrique. L'aile sud correspond à l'aile nord, où la chapelle à la silhouette gothique dépasse de peu le toit plat à galerie. L'horizontal de ces ailes appelle le vertical de la partie centrale en avancée, côté jardin. Côté ville, les cours se rétrécissent à mesure que l'on progresse ; une large percée entre les Grandes et les Petites Écuries se transforme en espace clos, étroit, au niveau de la cour de Marbre, comme si l'on avait atteint le saint des saints. Là, seul le roi avait le droit d'arriver jusqu'à la porte en carrosse. Car, de 1660 à sa mort, en 1715, Louis XIV organise le moindre détail de la vie à Versailles, comme il veille à la pose de chaque pierre. On raconte qu'il montrait lui-même aux jardiniers comment tailler les arbres.

À l'intérieur, c'est au premier étage de la partie centrale que la présence du grand roi se manifeste par la somptuosité des appartements : plafonds peints par Le Brun glorifiant le souverain vainqueur, harmonie rouge et or éclairée par dix-sept fenêtres d'un côté et d'innombrables panneaux de glace de l'autre, miroitement et scintillement

des lustres au soleil couchant... Il ne s'est rien passé d'ordinaire en ces lieux : fêtes, réceptions d'ambassadeurs, mariage du Dauphin, et même, plus tard, proclamation de l'Empire allemand en 1871 et traité de Versailles avec l'Allemagne en 1919. Dans le salon de la Guerre, qui précède la Galerie, Coysevox a lui aussi présenté un souverain vainqueur dans

HARDOUIN-MANSART

Saint-Simon soutenait que ce petit-neveu par alliance de François Mansart (peut-être également son fils naturel), né en 1646, appartenait « à la lie du peuple ». Louis XIV adoptait une position bien différente de celle du duc à la dent dure et à la plume acérée. Il écrivait, en effet, à un contemporain : « Je puis en un quart d'heure faire vingt ducs et pairs. Il faut des siècles pour faire un Mansart. » Quel hommage rendu au talent de son architecte, à celui qui termina l'hôtel des Invalides, commencé par Libéral Bruant, créant sur les plans de son prédécesseur l'église Saint-Louis à l'austère ordonnance militaire ! C'est probablement à lui que l'on doit les fameux « toits à la Mansart », toits à pente brisée permettant l'aménagement de chambres sous les combles, ou « mansardes ». Cette transformation des hautes toitures Louis XIII léguées à l'architecture française par les compagnons du Moyen Âge marque une révolution. Même le XVIIIᵉ siècle suivra cette formule nouvelle devenue classique. Le palais de Louis XIV est pour Hardouin-Mansart une consécration. Il y travailla trente ans, avec une armée de terrassiers et des moyens guère plus modernes que ceux des bâtisseurs de cathédrales. Après le pavillon Louis XIII, après la cour de Marbre de Le Vau, après l'escalier des Ambassadeurs de d'Orbay, il entreprit en 1678, et jusqu'à sa mort, la phase finale des travaux. À son actif un palmarès aussi glorieux que les ailes Nord et Sud du château, l'Orangerie, la galerie des Glaces, les Écuries, le Grand Trianon... Il commença la chapelle royale, qui fut terminée par Robert de Cotte, son beau-frère. On ne peut donner la liste complète des œuvres d'Hardouin-Mansart ; certaines, comme le château de Clagny, donné par Louis XIV à Mᵐᵉ de Montespan, n'existent plus ; d'autres ne représentent qu'un travail de conception réalisé par des collaborateurs, comme le château de Dampierre, commandé à l'architecte par le duc de Luynes, gendre de Colbert.

PAGE DE GAUCHE : *Une rangée impressionnante de statues allégoriques orne les avancées à colonnes et la galerie supérieure des ailes du château.* CI-DESSUS : *Chef-d'œuvre d'Hardouin-Mansart, l'Orangerie sert de contrefort à l'aile sud et enserre un damier d'arbustes taillés et entretenus avec le même soin que du temps de Le Nôtre.* EN HAUT, À DROITE : *Hardouin-Mansart est également le créateur des écuries qui, sur la place d'Armes, accueillent le visiteur.*

CHARLES LE BRUN

Né en 1619, ce protégé de Colbert, élève de Simon Vouët, n'a pas attendu Versailles pour manifester son talent. C'est Fouquet qui, en lui confiant la décoration de Vaux, attire l'attention sur lui. La faveur royale le place ensuite, dès 1663, à la direction de l'Académie et à la direction de la manufacture des Gobelins. Premier peintre du roi, il influence les artistes de son temps, les dirige dans la réalisation de la galerie des Glaces, son œuvre maîtresse. Jacques Dinfreville dans son *Louis XIV* le présente ainsi : « Portraitiste excellent, compagnon à Rome de Poussin, formé à l'école du Carrache, il était aussi architecte, sculpteur, tapissier, orfèvre : un génie léonardien. La manufacture des Gobelins qu'il animait fournissait la quasi-totalité de la décoration de Versailles. » Pour Colbert, il a réalisé la décoration de Sceaux.

un beau médaillon sculpté. Toutes les pièces d'apparat manifestent le même esprit, avec leurs plafonds de Le Brun, leurs murs en marbre — dans le salon de Vénus — ou revêtus de riches tentures. Tableaux et meubles sont du XVIIe et du XVIIIe siècle et portent d'illustres signatures. Depuis un siècle, en effet, les conservateurs de Versailles s'efforcent de reconstituer le cadre saccagé à la Révolution, avec une infinie patience qui leur permet de retrouver les éléments dispersés dans toute la France.

Dans la chambre de la Reine, le lit, où les souveraines accouchaient en public, a été refait tel que l'a quitté Marie-Antoinette, avec un tissu à fleurs qui apporte une note féminine dans cette pièce si peu intime. De même, dans la chambre du Roi, il y a peu de sièges pour s'asseoir et aucun boudoir pour s'isoler des courtisans. On comprend aisément que les souverains se soient évadés chez leur maîtresse ou se soient fait aménager de petits appartements donnant sur des cours inté-

EN HAUT : *Dans la galerie des Glaces, Le Brun a représenté sur la voûte les victoires de Louis XIV. Sur cette fresque, le roi conclut la paix d'Aix-la-Chapelle en 1668.* EN BAS : *Dans le salon de la Guerre, tout en marbre de différentes couleurs, un bas-relief en stuc de Coysevox représente le roi à cheval piétinant ses ennemis vaincus, tel un empereur romain dans toute sa gloire.*

rieures et sous les combles. Pourtant, même au temps de Louis XIV, les jardins avec leurs bosquets apportaient un élément de fantaisie à un mode de vie officiel strictement fixé par l'étiquette. Du premier étage, on n'aperçoit guère que les parterres, la grande percée est-ouest ; vu de haut, le dessin de l'ensemble apparaît avec plus de netteté et les broderies florales s'enroulent de façon savante. Le classicisme, dont on dénonce trop souvent la rigueur, connaît aussi cette forme de poésie où la nature joue son rôle. L'« esprit de géométrie » sait rejoindre « l'esprit de finesse » dans cette composition spectaculaire, à l'image d'un roi qui voulut laisser l'empreinte de sa personnalité sur la nature elle-même.

Le cabinet de la Pendule abrite la fameuse horloge astronomique conçue par Passemant pour Louis XV.

Le cabinet de travail de Louis XV a conservé ses boiseries d'époque dues à Verberckt et un mobilier patiemment reconstitué après les saccages de la Révolution, tel ce secrétaire à cylindre achevé en 1769 par Riesener, qui s'ouvre par un seul mécanisme.

HISTOIRE DE REMONTER LE TEMPS...

Depuis la fin de la Seconde Guerre mondiale,
on assiste à la résurrection progressive du plus beau palais français.
Au propre et au figuré, Versailles remet ses pendules à l'heure.

CI-DESSUS, À GAUCHE
Détail d'un élément de décor sur le thème du dauphin, dans la salle de bains de Marie-Antoinette, restituée selon le raffinement de sa conception originale.

CI-DESSUS À DROITE
Gros plan sur un somptueux motif de boiserie sculpté et doré dans le salon des Porcelaines, ancienne salle à manger des retours de chasse de Louis XVI (dorure de Claudine Moreau).

Vert d'eau sur blanc rehaussé d'or : une harmonie qui retrouve tout l'éclat du XVIIIᵉ siècle grâce à la palette de Mᵐᵉ Dupuis, dans l'un des salons nouvellement restaurés.

Louis-Philippe, le Roi-Citoyen, avait transformé à ses frais le château en un musée consacré « à toutes les gloires de la France ». Ainsi avait-il sans aucun doute sauvé le palais de la dégradation ou de la destruction en y rassemblant peintures et sculptures, créant le musée d'Histoire le plus riche et le plus important du monde. Mais, tout en conservant la chapelle, l'Opéra, la galerie des Glaces et les appartements du Roi et de la Reine, il n'hésita pas à détruire la plupart des appartements des princes et des courtisans pour créer les salles d'exposition nécessaires. Après C. Mauricheau-Beaupré, qui restitua le décor mural des chambres du Dauphin et de la Reine, G. Van der Kemp, à qui l'on doit les restitutions spectaculaires, entre autres, du salon des Jeux de Louis XVI et de la pièce des Nobles de Marie-Antoinette, l'actuel conservateur du château de Versailles, P. Lemoine, vient de clore une importante campagne de travaux. La réalisation la plus saisissante concerne sans doute le rez-de-chaussée du corps central, où Louis XIV avait fait aménager un somptueux appartement des bains et où le Dauphin avait décoré un vaste logement avec le plus grand raffinement. Louis XV y créa ensuite de nouveaux appartements pour son fils et ses filles, tous détruits pour constituer le musée d'Histoire. Néanmoins, l'architecte de Louis-Philippe, Frédéric Nepveu, avait fait des relevés rehaussés d'aquarelle d'une extrême précision, permettant d'identifier les éléments décoratifs dispersés, tandis que, par ailleurs, une partie notable du décor original avait été conservée dans les réserves. Les travaux ont visé à « rétablir les anciens niveaux, à reconstituer les différents appartements dans leur plan et leur distribution et à y replacer tous les éléments originaux qui ont pu être retrouvés : là où ils avaient disparu, ils ont été suggérés par des boiseries simplement moulurées. Cependant, dans le Cabinet intérieur de la Dauphine, la chambre de Mme Adélaïde et la salle de bains de Marie-Antoinette, les parties manquantes des boiseries ont été refaites. Les alcôves des chambres ont été tendues de soieries tissées dans les manufactures lyonnaises d'après les descriptions des anciens inventaires. « Il s'agissait, dans l'un et l'autre cas, d'encourager les métiers d'art en perpétuant une tradition de mécénat qui remonte à la création de Versailles » (P. Lemoine, *Revue du Louvre*, 1986, n° 2).

Rien de ce qui a été réalisé au cours de cette campagne de travaux n'aurait été possible, en effet, sans la compétence des restaurateurs et artisans d'art, qui ont pu faire la preuve de leur habileté. Dans ces appartements restitués sont désormais exposés les tableaux de Rigaud, Largillière, Van Loo, Nattier, Hubert Robert, Vigée-Lebrun, les sculptures de Lemoyne et Pajou, accompagnés de meubles signés Joubert, Leleu, Riesener ou Jacob, dont certains furent livrés pour les appartements eux-mêmes.

Les musées ont le tort, souvent, d'extraire l'objet d'art de son contexte. À Versailles, où l'anecdote rejoint l'histoire, on peut désormais comprendre cette histoire en parcourant les lieux où vécurent ceux qui l'ont faite, les lieux qui abritèrent la vie de famille des princes, en voyant par exemple les encoignures livrées par Joubert en 1769 pour la chambre de Mme Victoire, rachetées à Londres en vente publique en 1982...

Un cérémonial en gants blancs aussi précis dans son rituel que devait l'être le lever du roi : l'entretien des pendules du château de Versailles, ponctuellement remontées par les soins de l'atelier Pierre Monnette et Daniel Mornas.

Un aspect insolite du parc à l'automne, qui fait lui aussi partie des tâches de la conservation : les statues sont une par une habillées d'une houppelande de toile.

Photos : R. Mazin-Top.

Le XVIIIᵉ siècle marque, contre la pureté classique, une réaction brutale qui se manifeste
dans plusieurs lieux par le style rocaille des
boiseries. Le cabinet de Mᵐᵉ Adélaïde, une des
filles préférées de Louis XV, donne un exemple
très réussi de cette décoration raffinée, car
Verberckt, sur un modèle de Gabriel, a réalisé
dans cette pièce d'abord occupée par Mᵐᵉ de
Montespan un de ses chefs-d'œuvre. La grâce
féminine du XVIIIᵉ siècle se déploie surtout
dans les nouvelles salles du rez-de-chaussée
actuellement ouvertes au public. Tout autour
de la cour de Marbre — dans la partie
Louis XIII du palais déjà très remaniée par Le
Vau —, les filles de Louis XV, le Dauphin et
la Dauphine ont laissé leur souvenir et la preuve de leur goût très sûr. Grâce aux efforts du
conservateur, l'atmosphère d'autrefois a pu
être retrouvée, avec les meubles, les lambris

PAGE DE GAUCHE : ***D****ans la chambre de la Reine, le lit est orné d'une soierie à fleurs restituées
par les ateliers de Lyon à l'identique de celle commandée par Marie-Antoinette.*
CI-DESSUS : *Dans ce lit somptueux, trois souveraines ont couché.*
EN HAUT : *Un brocart étincelant d'or et d'argent pare
l'ameublement de la chambre du Roi.*

et les tableaux de l'époque : boiseries safran et turquoise avec dessus de porte de Vernet chez le Dauphin, portraits de Marie Leszczynska et de ses filles chez la Dauphine, mobilier de laque chez Mme Victoire... Il semble surtout que Nattier se révèle dans ses tableaux aussi bon portraitiste que peintre du luxe de son époque. Nul ne rend mieux les tissus des robes, le miroitement d'un taffetas, le relief d'un nœud, d'un ruban, le gonflement d'un panier. Les tons éclatent de fraîcheur, en particulier ce bleu un peu vert désormais célèbre sous le nom de « bleu Nattier ». Le visage des princesses peut parfois sembler d'une ama-

bilité insignifiante ; leurs toilettes restent toujours voluptueusement offertes à l'admiration du public. Comment rester insensible à une pareille profusion de détails vestimentaires transformés par l'artiste en interpellation poétique ? Autre portraitiste de talent, Mme Vigée-Lebrun s'attache à l'expression, traduit les sentiments d'une mère pour ses enfants dans son célèbre portrait de Marie-Antoinette. Les peintres Drouais père et fils se montrent aussi les fidèles témoins du luxe de l'Ancien Régime. Certaines salles, pour la plupart décorées à l'initiative de Louis-Philippe, évoquent sur un mode plus pédagogique les gloires militaires de la France. Au premier étage, la salle du Sacre est occupée par plusieurs tableaux de Louis David et de Gros ; une deuxième version du *Sacre de Joséphine*, peinte par David, remplace l'original exposé au Louvre. Dans l'aile du Midi, une salle consacrée aux généraux de la Révolution et une galerie des Batailles illustrent le désir du successeur des Bourbon de réunir l'Ancien et le Nouveau Régime en intégrant l'Empire à ces pages d'histoire. En revanche, l'aile Nord n'abrite que des tableaux du XVIIe siècle.

Malgré la grande unité que son extérieur doit à Louis XIV, Versailles, à l'intérieur, est, comme Fontainebleau, une vraie « maison des siècles ». Les appartements de Mme de Maintenon, au premier étage de la partie centrale, ont été transformés en un musée où le XVIIe siècle est à l'honneur. Quant à l'Opéra royal, dans l'aile Nord, il possède toute la grâce du XVIIIe siècle ; dans cette harmonieuse salle ovale, les ors, les bleus et les roses jouent un trio très réussi, et d'innombrables lustres accompagnent cet ensemble aussi raffiné qu'une robe peinte par Nattier. Les sculptures de Pajou, sur les balcons, s'inspirent de l'Antiquité et la pureté des lignes de cette architecture de transition — due à Gabriel — marque un retour à la ligne droite, après l'effervescent style rocaille.

Maison des siècles, palais de contrastes ! Comment ne pas voir deux siècles s'opposer quand on passe du Grand au Petit Trianon ? C'est dans un château de marbre aux nobles péristyles que Louis XIV et Mme de Maintenon vont prendre « des collations » ; c'est dans une chaumière que Marie-Antoinette souhaite jouer à la bergère. En réalité, le Petit Trianon a été construit par Gabriel à la demande de Louis XV ; comparée au palais du Roi-Soleil, cette maison de plaisance, vite adoptée sous le règne de Louis XVI, se signale par de modestes proportions et une grande simplicité. La reine rêvait de réaliser un vrai décor rustique en continuant l'œuvre déjà amorcée par Mme de Pompadour. Au pavillon Octo-

CI-DESSUS : *Dans la chapelle royale, commencée par Hardouin-Mansart et terminée par son beau-frère Robert de Cotte en 1708, le dallage en marbre polychrome et le maître-autel annoncent le style rocaille de la Régence.* PAGE DE DROITE : *Dans l'harmonie des ors et des bleus de l'Opéra royal, créé par Gabriel en 1770, les plafonds de Durameau ont retrouvé leur splendeur d'origine grâce à une restauration fidèle.*

EN HAUT : *Dans la cour d'honneur du Grand Trianon, Robert de Cotte a continué l'œuvre d'Hardouin-Mansart par une symphonie de marbres verts et roses.* À GAUCHE : *L'intérieur du Grand Trianon évoque autant Napoléon Ier que Louis XIV : dans le cabinet du Couchant, le mobilier Empire a trouvé place dans un décor XVIIe siècle.* À DROITE : *Ce moulin fait partie du Hameau, village créé de toutes pièces pour la joie de Marie-Antoinette, que les fastes de Versailles ennuyaient.*

gonal de la favorite, à la Ferme, elle fit ajouter le Hameau : les maisonnettes à toit de chaume ou de tuile, dispersées autour d'un lac, évoquent un village à la Jean-Jacques Rousseau ; quant au temple de l'Amour, bâti par Mique sur une île, il constitue un exemple réussi de la mode des fabriques. Toute cette partie du parc à l'anglaise oppose aux perspectives rectilignes de Le Nôtre des espaces discontinus. Une fantaisie dissymétrique qui annonce le romantisme. En revanche, le Grand Trianon organise ses bâtiments en équerre autour d'un jardin à la française. L'esprit classique reste prépondérant dans cette résidence. Les harmonies de marbres roses et beiges, à l'extérieur, l'ampleur des appartements, à l'intérieur, ont séduit Napoléon, puis Louis-Philippe, qui aimèrent séjourner à Trianon. Depuis vingt ans, l'ameublement Empire a été reconstitué dans toute sa splendeur pour permettre des réceptions officielles, seule occasion pour ce palais de retrouver un peu sa raison d'être.

Autour du château se déploie une ville authentique, rectiligne, aux grandes avenues dessinées comme un parterre, une cité née comme le château de la volonté d'un roi. Pour les Versaillais, le parc de Le Nôtre est un jardin public où ils peuvent se promener à loisir et la pièce d'eau des Suisses une réserve de poissons. Ainsi, le travail accompli par un régiment de Suisses pour prolonger la perspective vers le sud se voit investi par la ville sous le regard bienveillant du Louis XIV de Bernin, statue équestre campée à la limite du domaine royal. Non loin de là, l'église Saint-Louis, construite par un petit-fils d'Hardouin-Mansart au XVIIIe siècle, domine de sa stature très classique un quartier de vieux hôtels aux cours pavées. Rien n'a changé depuis l'Ancien Régime et un marché se tient encore sur la place Saint-Louis, formée de quatre petites places délimitées par les anciennes boutiques à combles mansardées. Carrés au puits, à la Fontaine, à l'Avoine, à la Terre... les noms d'autrefois correspondent à des traditions et à une vie provinciale dont les Versaillais sont fiers. On retrouve la même atmosphère dans le quartier Notre-Dame, autour de l'église riche, comme la cathédrale Saint-Louis, de bien des œuvres d'art. Bâtie par Hardouin-Mansart, elle évoque autant Louis XIV que ses successeurs. Toute l'architecture de la ville témoigne, en effet, par son unité de style, de deux siècles, et l'on passe à chaque coin de rue d'un siècle à l'autre en admirant l'esprit de continuité de la monarchie. Un peu partout, les vieux toits d'ardoise signalent les hôtels aristocratiques auxquels d'illustres personnages ont donné leur nom et laissé leur empreinte.

LE NÔTRE ET LE JARDIN À LA FRANÇAISE

Le jardin classique semble né au cœur de la monarchie. On attribue souvent cette création à André Le Nôtre. Toutefois, dès 1600, une conception à la française de l'espace commence à se manifester, par opposition à l'univers à l'italienne, souvent clos de murs et composé de terrasses successives. Mais le mérite de Le Nôtre est d'avoir appliqué à l'horticulture les règles de l'esprit cartésien, avec une sorte de génie. Aux Tuileries, dont sa famille dirigeait déjà presque toute l'horticulture, le protégé du roi retrace le jardin créé par Catherine de Médicis, prolongeant la perspective jusqu'aux Champs-Élysées. Une partie de cet ensemble classique est devenue, après la destruction des bâtiments par les communards, le jardin du Carrousel. Le Nôtre a conçu Versailles comme un architecte de la ligne droite, une ligne droite allant de l'avenue de Paris au Grand Canal, passant entre les Grandes et les Petites Écuries, par la cour de Marbre, le bassin d'Apollon, le tapis Vert. Comme un décor de théâtre, la forêt sert de fond à cette scène ménagée pour être vue du château, et s'intègre merveilleusement à l'ensemble. Toute montée de terrain est utilisée pour des effets de perspective. Ainsi, à Dampierre, une croupe boisée coiffe le château, aperçu de la grille. Élève de Simon Vouët ainsi que de Le Brun, Le Nôtre a grandi parmi des fous de géométrie, des fous de symétrie dans l'organisation du décor. Aux Tuileries, il a côtoyé les Mollet, théoriciens du nouvel espace. En 1651, André Mollet écrit dans *le Jardin de plaisir* : « À la face de derrière ladite maison doivent être construits les parterres en broderie près d'icelle, afin d'être regardés et considérés facilement par les fenêtres, sans aucun obstacle d'arbres, palissades ou autre chose qui puisse empescher l'œil d'avoir son étendue. »

Cet espace ouvert n'exclut pas la fantaisie, qui manifeste sa présence, dans presque tous les parcs du XVIIe siècle, par des cascades (comme celles de Versailles, de Saint-Cloud, de Vaux), des îles entourées de canaux (comme à Rambouillet), parfois des grottes et des bosquets. L'imagination du jardinier se déploie dans la décoration de cet univers où rien n'est laissé au hasard. Des statues — souvent des dieux et des déesses — s'intègrent à l'ensemble, se reflètent dans les plans d'eau et même participent au jeu des fontaines, comme dans le bassin d'Apollon. Enfin les arbres, taillés, jouent un rôle important dans ce ballet classique.

Dans l'allée de l'Été, près du Tapis Vert, ce groupe de statues à l'antique émerge entre les arbres.

R. Mazin-Top.

LE MUSÉE LAMBINET

Cet hôtel du XVIIIe siècle porte le nom d'un juge d'instruction qui vécut au XIXe siècle, mais son créateur aurait aussi mérité de passer à la postérité. C'est, en effet, Joseph Barnabé Porchon, entrepreneur des Bâtiments du roi, qui réalisa cette belle demeure dont la façade, ornée de coquilles et surmontée d'un fronton aux anges gracieux, correspond à l'esprit du siècle. L'intérieur ressemble davantage à un cabinet d'amateur qu'à un musée, un amateur qui aurait su choisir pour chaque siècle des œuvres plus ou moins célèbres et toutes de grande qualité. Au rez-de-chaussée, on passe d'une salle regroupant des faïences et des porcelaines à une salle évoquant l'histoire de la ville et présentant quelques tableaux aux brillantes signatures — Corot, Isabey —, présentes au milieu des lambris et des meubles du XVIIIe siècle. Au premier étage, une salle est consacrée à Charlotte Corday et une autre à la Révolution en général. D'illustres signatures — Carle Van Loo, Mme Vigée-Lebrun — attirent l'attention du visiteur. Au deuxième étage, des portraits de musiciens versaillais voisinent avec un portrait d'Henriette de France par Nattier voisinent avec une salle d'objets religieux, où figure une Cène sculptée en bois. Des salles consacrées à Dunoyer de Segonzac ou aux statuettes populaires du XIXe siècle ouvriront prochainement.

Paris : 64,5 km
La Roche-Guyon : 6 km

VÉTHEUIL
Val-d'Oise

« CLAUDE MONET, LE PREMIER ET LE PLUS CÉLÈBRE DES IMPRESSIONNISTES, QUI A HABITÉ VÉTHEUIL PLUSIEURS ANNÉES, A GARNI DE SON IMAGE LES MUSÉES DU MONDE ENTIER... »

Pierre Champion, dans une brochure consacrée à Notre-Dame de Vétheuil, met très bien en lumière les mérites incontestables de cette ancienne collégiale. D'abord, l'originalité de son abside, éclairée d'oculus, s'impose dès le premier regard. L'art roman s'y révèle déjà en marche vers le style ogival ; des contreforts, en retraits successifs, annoncent par leur légèreté les envolées des arcs-boutants gothiques. Plus classique, dans ce Vexin riche en clochers carrés, une belle tour du XIIe siècle sépare les toits, à hauteur inégale, du chœur et de la nef. Les longues baies décorées de colonnettes s'élèvent vers le ciel avec une grâce plus gothique que romane ; des têtes grotesques à visages humains évoquent les gargouilles qui feront la gloire des cathédrales.

Au XIIIe siècle, l'église s'arrêtait au chœur et aux premières travées de la nef. C'est seulement au XVIe siècle qu'une nouvelle nef a été ajoutée, fermée par les deux portails qui révèlent par leur splendeur la main d'un maître. Il est probable que Jean Grappin, architecte de Gisors, ait été le créateur de ce décor Renaissance. Le portail ouest est prolongé par trois étages de galeries, la dernière galerie étant surmontée par deux lanternons. Cette stature d'abord massive puis élancée donne à l'ensemble une haute silhouette encore rehaussée par une position dégagée. Située sur un tertre, l'église domine la vallée de la Seine et l'on doit monter des escaliers pour accéder aux deux portails. La figure de la Vertu qui, à l'ouest, orne le trumeau a le sourire d'une statuaire d'inspiration antique. La Charité, qui porte dans ses bras un enfant et donne la main à un autre enfant, a la grâce très humaine des chefs-d'œuvre de la Renaissance. Quant au portail sud, aboutissement des escaliers, il fait partie d'un porche qui, au lieu d'être bâti en avancée, s'enfonce dans la façade. La statue de la Vierge du trumeau, au si doux sourire, était l'objet de la vénération des pèlerins, qui s'agenouillaient sous ce porche quand l'église était fermée. C'est vraisemblablement le seigneur de La Roche-Guyon et de Vétheuil,

Louis de Silly, qui fut, en 1551, le généreux donateur ayant permis la construction de cet ensemble harmonieux. Ses initiales et ceux de sa femme, Anne de Laval, marquent la paroi antérieure des arcs soutenant le plafond. Les vantaux à thèmes bibliques n'ont subi aucun outrage depuis le XVIe siècle, alors que les vantaux du portail ouest ont dû être restaurés. Les deux statues de l'extérieur annoncent une collection, à l'intérieur, d'une qualité exceptionnelle, assez imprévue dans cette église villageoise. Avec plus d'une trentaine d'œuvres d'art classées, Vétheuil mérite de figurer parmi les musées d'Île-de-France. Dès l'entrée, la clôture en bois de la première chapelle s'impose comme un travail Renaissance d'une grande finesse ; à l'intérieur de la chapelle, une fresque retrace le cérémonial suivi par la confrérie du Moyen Âge jusqu'en 1905 pour enterrer les morts. Des bâtons de Charité, provisoirement dans la sacristie, évoquent fidèlement cette confrérie aux activités autrefois si importantes, surtout en temps d'épidémie. La deuxième chapelle, à gauche, a encore ses fonts baptismaux du XIIIe siècle, et la belle décoration végétale très stylisée de la cuve dodécagonale rappelle celles des églises voisines de Limay et de Gassicourt. D'un retable, probablement flamand, on a retrouvé les portes ornées de très belles peintures ; en nettoyant ces portes, on a découvert récemment des grisailles sur l'autre face, bel exemple des trésors constamment mis au jour grâce à la patience des Beaux-Arts et aux initiatives locales. Des vitrines viennent d'être installées pour abriter des statues de petite taille ou particulièrement fragiles, tel cet hallucinant Christ au tombeau sauvé par une très attentive restauration. Parmi les statues du XVe et du XVIe siècle de la nef et des bas-côtés, la plupart manifestent une inspiration originale par leurs attitudes, par le drapé lié au mouvement du saint représenté. Saints populaires et Vertus théologales constituent une collection tout à fait unique. Une sainte Marguerite polychrome reste médiévale avec son dragon à la langue vorace. À cette représentation non dénuée d'humour, dans l'esprit des miséricordes de certaines stalles, il faut opposer une statue de la Prudence, déjà Renaissance par son inspiration antique, et un saint Jean-Baptiste du même style. La Prudence tenant le gros livre du passé et une sphère lui permettant de lire dans les astres fait partie d'une série des Vertus fréquemment représentées à la fin du Moyen Âge. Un saint Pierre, un saint Jacques font encore preuve du réalisme médiéval dans une église où tant de merveilles statuaires interpellent et séduisent le visiteur, qui ne s'en lasse pas.

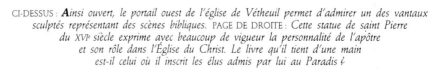

CI-DESSUS : **A**insi ouvert, le portail ouest de l'église de Vétheuil permet d'admirer un des vantaux sculptés représentant des scènes bibliques. PAGE DE DROITE : Cette statue de saint Pierre du XVIe siècle exprime avec beaucoup de vigueur la personnalité de l'apôtre et son rôle dans l'Église du Christ. Le livre qu'il tient d'une main est-il celui où il inscrit les élus admis par lui au Paradis ?

Limitrophe
de Paris,
à l'est

VINCENNES
Val-de-Marne

« MAINTES FOIS IL LUI ARRIVA, EN ÉTÉ,
D'ALLER S'ASSEOIR AU BOIS DE VINCENNES,
APRÈS AVOIR ENTENDU LA MESSE ; IL
S'ADOSSAIT À UN CHÊNE ET NOUS FAISAIT
ASSEOIR AUTOUR DE LUI ; ET TOUS CEUX
QUI AVAIENT UN DIFFÉREND VENAIENT LUI
PARLER SANS QU'AUCUN HUISSIER, NI
PERSONNE Y MÎT OBSTACLE. »

On ne peut qu'évoquer, avec son historien Joinville, la grande figure de Saint Louis dans ce lieu où il a si souvent rendu la justice. Le manoir où il séjournait n'existe plus, la Sainte Chapelle qu'il destinait, comme celle de Paris, à abriter les reliques du Christ a été reconstruite par Charles V et ses successeurs. Le chêne, dans la cour, juste après l'entrée nord, a été planté à sa mémoire en 1952. Il suffit de passer par la tour du Village, de franchir de profonds fossés pour s'imaginer en plein Moyen Âge. La courtine, flanquée de neuf tours, date également de Charles V ; même si toutes ses tours — sauf celle du Village — ont en partie été rasées, les deux anges de la façade nord, avenue de Paris, introduisent le visiteur dans un univers où des personnages aux noms illustres ont laissé leur souvenir. Le donjon, peint par Fouquet au XVᵉ siècle, a perdu ses mâchicoulis. Cette tour flanquée de quatre tourelles, enfermée dans un fossé et une enceinte fortifiée qui constituaient une double protection par rapport à l'assaillant, n'a pas résisté aux assauts anglais pendant la guerre de Cent Ans : elle fut investie par le roi Henri V, qui y mourut. Au deuxième étage, on peut visiter la chambre de celui-ci, belle salle voûtée à pilier central, à clefs sculptées, où Charles V avait auparavant vécu. Bien des prisonniers ont laissé des graffiti dans les cachots des tourelles, un des plus célèbres étant, au XVIIᵉ siècle, le frondeur duc de Beaufort. Mais Vincennes fut aussi, à travers les siècles, une résidence de plaisance. Les rois y oublièrent la guerre pour chasser dans la forêt voisine. Louis XIV passa sa lune de miel dans le pavillon du Roi, construit par Le Vau, en face de l'autre pavillon, celui de la Reine Anne d'Autriche et de Mazarin. Ces deux corps de logis, à l'intérieur de l'enceinte, d'une sobriété classique, sont réunis par un portique. Un arc de triomphe, au milieu du portique, achève d'imposer une puissante image de la royauté, en continuité depuis les Valois. Car l'architecte des Bourbons a su intégrer ces constructions dans un ensemble médiéval. Apercevoir le donjon se profilant derrière cette cour Louis XIV produit un effet de contraste très évocateur, et un grand plaisir esthétique. Quant à la chapelle de Saint Louis, reconstruite à la Renaissance, elle reste gothique à l'intérieur, mais est déjà flamboyante par son portail et par la frise qui décore la nef. Seuls les vitraux du chevet, commandés par Philibert Delorme et qui furent mis à l'abri des bombardements de la dernière guerre, témoignent, depuis qu'ils ont été remontés, de l'originalité des maîtres verriers du XVIᵉ siècle. Sur le thème de l'Apocalypse, des scènes aux couleurs magnifiques restituent un décor d'inspiration italienne caractéristique de l'école de Fontainebleau.

R. Mazin-Top.

Vincennes a été une demeure royale pendant des siècles ; d'abord donjon retranché dans une double enceinte, la forteresse de Charles V est devenue château de plaisance où Louis XIV passa sa lune de miel après son mariage avec Marie-Thérèse. L'architecte Le Vau avait dû élever, à l'ombre du donjon, deux pavillons réunis par un portique, celui de la Reine et celui du Roi.